生物に学ぶ　ガラパゴス・イノベーション

稲垣栄洋
Hidehiro Inagaki

東京書籍

生物に学ぶ　ガラパゴス・イノベーション

稲垣栄洋

生物に学ぶ　ガラパゴス・イノベーション―もくじ

はじめに

ガラパゴスはダメなのか？

太平洋に浮かぶその島では、
大きな動物が群れをなして草を食《は》んでいます。
この動物は何でしょう？

（正解は本文）

一八三一年、一人の青年を乗せた測量船ビーグル号は、英国の港を出発した。この若き科学者こそが、後に進化論を唱えるチャールズ・ダーウィンである。

航海の途中で、彼は奇妙な島に立ち寄る。

その島の生き物は、大陸で見る生き物とはまるで違っていた。

南米大陸から九〇〇キロメートルも離れた太平洋上に浮かぶその島では、大陸と隔離されて、生き物たちがさまざまな進化を遂げていたのである。この生き物たちを観察したダーウィンは、生物は進化をするという「進化論」にたどりつくのである。

島という閉ざされた環境では、生物は独自の進化を遂げる。ガラパゴス諸島の奇妙な生態系は、こうして作られたのだ。

そして、二十一世紀の日本。

この島国では「ガラパゴス」というビジネス用語が存在する。

世界と閉ざされた島国では、ビジネスでも世界の潮流とは異なる進化が起こる。ダーウィンが奇異な進化を目の当たりにしたガラパゴス諸島にちなんで、この現象は「ガラパゴス」と呼ばれているのだ。

世界がグローバル化する中で、ガラパゴスはマイナスなニュアンスをもって語られることが多い。しかし、本当にそうだろうか。

結論から言おう。**ガラパゴス化はけっしてダメではない。**

ガラパゴス化とは、けっして遅れた進化でも、劣った進化でもない。ガラパゴス化は、大陸の潮流とは異なる進化である。しかしそれは、別の見方をすれば、「オリジナリティに満ちた進化」であり、「世界の常識を超えた進化」である。

誰にもマネされないオリジナリティや常識を超えたイノベーションが求められる時代を生きる我々にとって、どうして、それがダメなことだと言い切れるだろうか。

もし、オリジナリティにあふれる進化で勝てないとすれば、それは戦い方が悪いだけなのではないだろうか。

それが本書の大きなテーマである。

想像を超えた進化

そもそも「ガラパゴス」の語源となったのは、ガラパゴス諸島だが、ガラパゴス諸島の「ガラパゴス」とはどういう意味なのだろうか。

皆さんは、草を食む大きな動物といえば、何を思い浮かべるだろうか。

ウシを思い浮かべるだろうか。あるいは、シカを思い浮かべる人もいるかもしれない。あるいは、サイやゾウを思い浮かべる人もいるだろう。

しかし、ガラパゴス諸島では違う。

ガラパゴスでは草を食んでいるのは、巨大なカメである。体重二百キロを超えるような大きなゾウガメが、まるでウシやシカなどと同じ草食動物のように群れをなして草原で草を食んでいるのだ。

これまで発見されているガラパゴスゾウガメの最大の群れは、三千〜五千頭にもなる巨大なものだったという。

まるでウシのように群れをなして草を食む巨大なカメを、誰が想像しただろう。

誰が、そんな光景を思いつくことができるだろう。どんなに想像力を働かせても、カメがウシの代わりをしている光景を思いつくことは易しくない。しかしガラパゴス諸島では、そんな光景が、当たり前のように広がっているのだ。

ガラパゴスはもともと、スペイン語でゾウガメを意味する言葉である。

スペインの探検家たちは、ゾウガメが草を食んでいる常識外れの光景に驚愕したこ

とだろう。そして、驚きをもってこの島を「ゾウガメの島」と呼んだのだ。ちなみに、ガラパゴス諸島は通称であり、正式にはコロン諸島という。コロン諸島は、コロンブスの名に由来している。しかし、この島々が正式名称で呼ばれることはない。「ゾウガメの島」は、それだけの強いインパクトがあったのだ。

ウシやシカが群れをなしている光景を「当たり前」だと思っている私たちからしてみれば、じつにオリジナリティにあふれた進化である。しかし、ガラパゴスにとっては、それは当たり前である。当たり前の進化が、世界に衝撃を与えているのだ。

ガラパゴスのオリジナリティあふれる進

化は、これにとどまらない。

たとえば、鳥を思い浮かべてみよう。鳥は飛ぶものだと誰もが思う。もちろん、世の中には飛べない鳥もいる。ダチョウやペンギンがそうだ。ダチョウやペンギンは、いかにも飛べなさそうな特殊な進化をしている。

しかしガラパゴスでは、いかにも飛べそうな姿をしたウが飛ばない。もっとも、ガラパゴスのウは飛べないのではない、飛ばなくていい進化をしているのだ。飛ばないことが、このウの戦略なのである。

ペンギンは南極など寒いところにいると多くの人が思っている。しかし、赤道下に位置するガラパゴスにもペンギンはいる。ペンギンだから寒いところに棲まなければならないという決まりはないのだ。

このようにガラパゴスの生き物たちは、私たちの常識を大きく超えた進化を遂げているのである。

さて、島国である日本は、「ガラパゴス化」をしていると言われる。

大陸から離れ太平洋に浮かぶガラパゴス諸島のように、世界の潮流と離れた進化を遂げているというのである。

確かに世界の潮流からはずれれば、リスクもあるし、デメリットも大きいかもしれない。しかし、物事にはマイナスもあればプラスもある。マイナスばかり見て、嘆いているよりも、プラスの面を活かすことを考えてみても悪くはないだろう。

世界の潮流から離れた進化は、世界の常識を超え、オリジナリティに満ちた進化でもある。もし、「独創的」であることや、「革新的」であることが、求められているとするのであれば、「ガラパゴスの当たり前」ほど、強さを発揮するものはないだろう。

もう一度、言おう。

もし、オリジナリティにあふれる進化で勝てないとすれば、それは進化の仕方が間違っているのではなく、戦い方が間違っているかもしれないのだ。

「ガラパゴス力を磨く」

もしかすると、求められていることはガラパゴスから脱却することではなく、ガラパゴスを突き詰めることではないのだろうか。

しかし、現実を見れば、ガラパゴスの生物は、けっして成功しているわけではないのも、事実である。

ガラパゴスゾウガメのような特殊な進化を遂げた島の生物は、大陸からやってきた生物に追いやられて、絶滅に瀕しているのである。

だから、ガラパゴスはダメなのだ。そう思う方もいるだろう。

その通りである。ガラパゴスだけではない。現実を見れば、島で進化を遂げた島の生物たちの多くは今、絶滅の道をたどっているのだ。

島の生物の弱点

島の生き物には圧倒的にダメなところがある。それは、競争に弱いということだ。

もちろん、島の中でもまったく競争がないわけではない。しかし、群雄割拠の生き物たちがひしめきあう大陸という環境に比べると、島の競争はマイルドなのだ。

島の生物は、激しく競争することに慣れていないので、島の外から外来種がやってくると、見る見るうちに追いやられてしまう。そして、絶滅の道を歩んでしまうのだ。

まるで、グローバル企業の攻撃に、右往左往するどこかの島の企業を見るようではないか。

それでは、島の生き物はまったくダメな存在なのだろうか。

さにあらず。

競争に弱いというのは、より大きくより大きくと巨大化した体で相手を圧倒したり、巨大な力で相手をねじふせるような「大陸型の競争」に弱いというだけの話である。

何もまともに正面から戦う必要はない。戦い方は一つではない。さまざまな戦い方がある。それなのに、島の生物は戦い方がわからないから、まともに大陸の生物と戦ってしまう。そして、相手の土俵で、相手のルールで戦ってしまうのだ。

これでは、勝てるはずがない。

もちろん、生物の進化は時間がかかるから、戦略を一朝一夕で変えられるはずもない。そのため、人間が持ち込んだ外来種の前に為す術もない。

しかし、私たちは知恵のある人間である。

人間は戦略を選ぶこともできるし、戦略を変えることもできる。

それなのに、どうして大陸からやってくる強大な力を前に、正面から競争しようとするのだろう。どうして、大陸に有利なルールで戦おうとするのだろう。

島には、島の生き物の戦い方があるのではないだろうか。

ガラパゴスに学ぶ

それでは、島の生き物の強みとは何だろう。

島の生物の進化には、大きく二つある。

一つは「正しい進化」である。

島という環境は、大陸に比べると敵が少なく、ライバルも少ない。そのため、競争相手を気にせずに、環境とまっすぐに向き合い、環境に適応した進化を遂げている。つまり、相手に勝つための進化ではなく、環境に対して「正しい進化」をしているのだ。

もう一つは、「独自の進化」である。

世界の潮流に流されることなく、独自の軸で進化が進んでいく。さらに、島という環境の持つ制約や条件が大陸の常識とは異なる常識を創り上げていくのである。


日本の「ガラパゴス」はどうだろう。ただ、嘆くべきものでしかないのだろうか。

私たちは人間である。

ビジネスは力の勝負ではなく、戦略の勝負であると知っている。

島の生物たちが滅びゆくのと同じように、自然の成りゆきに任せて滅ばなければならない道理はない。戦い方も戦う場所も、自らの頭で考えることができるはずだ。ましてや、これからは、アイデアやオリジナリティが勝負を決める時代である。まさにガラパゴスであることが、強みとなる時代なのである。

日本は島国である。どんなに努力しても、どんなに気取ってみても、日本が島国であることを変えることはできない。そうであるとすれば、背伸びをして大陸のマネをしようとしても勝ち目はないのではないだろうか。

島国は島国らしく、ガラパゴスの強みを発揮する方が、勝機が見えるようにも思える。本書では、島の生物の進化を眺めながら、「ガラパゴスの強み」について考えてみたい。

ガラパゴス諸島の生き物の進化を目の当たりにしたダーウィンは、生物は神が創り出したものではなく、進化の結果、創り出されたものであるという進化論を導き出す。そして、ある結論にたどりつくのである。

『最も強い者が生き残るのではなく、最も賢い者が生き延びるのでもない。唯一生き残ることが出来るのは、変化できる者である。（チャールズ・ダーウィン）』

これが、ガラパゴスから学んだダーウィンの言葉である。
はたして私たちは、ガラパゴスから、何を学ぶことができるだろう。

第1章
競争に勝つとはどういうことか?

海に潜り自在に泳ぎ回ることのできる
ウミイグアナの餌は何でしょう。

(正解は章末)

力がすべてではない

生き物にとって、「競争に勝つ」とは、どういうことだろうか。

生物たちは厳しい生存競争を繰り広げている。

競争に勝った者が生き残り、競争に敗れ去った者は、滅びてゆく。厳しい世界なのだ。

競争に勝つためには強くなければならない。もしかすると、あなたは、そう思うかもしれない。

本当にそうだろうか。

自然界では、競争に敗れ去った者は滅びてゆく。そうであるとすれば、今、自然界に生き残っている生物は、すべて競争を勝ち抜いた勝者ということになる。

しかし、私たちのまわりを見回してみると、どう見ても、強そうに見えない生き物がいる。

子どもたちにつつかれて丸くなっているダンゴムシや、なぜか道路を渡って車に轢《ひ》かれているケムシがいる。あんな弱そうな生き物たちも、みんな厳しい生存競争を勝ち抜いた勝者だというのだろうか。

生物は生存競争に勝ち残らなければ、この世に存在することはできない。

その生き物が、この世に存在しているということは、それがどんなにつまらなそうに見える生き物であったとしても、どんなに弱そうな生き物であったとしても、生存競争を生き抜いた勝者であるということなのだ。

強い者が勝つのではない。生き残った者が勝者なのだ。

体が大きい方が強い。力が強い方が強い。確かにそうである。しかし、この世の中にあまたの生き物たちが存在していることを見れば、けんかの強さや競争の強さだけが「強さ」ではないということに気がつくだろう。

生き物にとって「ニッチ」とは何か？

ガラパゴスの強みとは、いったい何なのだろう。島の生物について話をする前に、生物の生存戦略にとって重要なキーワードを紹介することにしよう。

それが「ニッチ」である。

「ニッチ」という言葉は、ビジネス用語としてもよく用いられているが、もともとは生物学の用語として用いられていたものが、ビジネスの場面でも使われるようになった。

ビジネスの場面でニッチというと、ニッチマーケティングやニッチトップというように、大きなマーケットと大きなマーケットの間にある「すき間」というイメージが強いかもしれないが、生物の世界でいうニッチは「すき間」の意味ではない。

生物学では、ニッチは「生態的地位」と訳されている。

生態的地位という言葉が意味するように、ニッチとは、その生物が自然界で持つポジションのことである。つまり、その生物の居場所である。

そのため、すべての生物はニッチを持っていて、ニッチを持つことのできない生物は、自然界で存在することができない。

そして、ニッチは重なり合うことはなく、すべての生物種がその生物種だけのニッチを持つことになる。

生物学で用いられる「ニッチ」という言葉は、さらに元をたどると、装飾品を飾るために教会や寺院などの壁面に設けられた「くぼみ」を意味している。やがてそれが転じて、生物学の分野で「ある生物種が生息する範囲の環境」を指す言葉として使われるようになったのである。

一つのくぼみに、一つの装飾品しか飾ることができないように、一つのニッチには

ナンバー１になれるオンリー１の場所

一つの生物種しかすむことができない。このことから、この生物が自然界で占めるポジションをニッチと呼ぶようになったのだ。

　その生物種のニッチは、その生物種だけのものである。そのため、ニッチが重なったところでは、激しい競争が起こり、勝者だけがニッチを手にすることができる。そして、ニッチを奪われた者は、この地球上から滅びるしかないのだ。

　まるでイス取りゲームのようだ。このイス取りゲームに勝ち残った生物が、そのニッチを占めることができるのである。

　生物の世界では、ニッチは「生活空間」と「エサ資源」という二つの要因が影響する。この「生活空間」と「エサ資源」という観点においてオリジナリティあるオンリー

1のポジションを獲得しなければならないのだ。

ニッチには、大きなニッチも、小さなニッチもある。しかし、実際には、さまざまな生物がニッチをめぐって争い合い、ニッチは埋め尽くされている。その中で、大きなニッチを占めることは簡単ではない。そのため、どうしても一つ一つの生物のニッチは小さくなり、生物たちはすき間を埋めるように分け合っている。

そのため、ビジネスの場面ではニッチは、「すき間」という意味に用いられるようになったのである。

生物たちの理想と現実

生物のニッチを決めるものは、主に「生活空間」と「エサ資源」である。

それならば、贅沢をいわずに、場所を選ばずにどこにでもすめばいいし、エサにこだわらずに何でも食べればいいと思うかもしれない。

しかし、実際にはそうはならない。

ライバルになる生物が現れるのだ。

どこでも住めるということは、あらゆるところで他の生物とニッチの奪い合いにな

基本ニッチ

実現ニッチ

る。何でも食べられるということは、どのエサ資源に関しても、他の生物と争いになる。

ニッチを広げることは、じつは簡単ではないのだ。

そのため、生物のニッチには基本ニッチと実現ニッチというものが存在する。

基本ニッチは、その生物が本来持っているニッチである。つまり、生息できる範囲の環境や、エサにすることができるすべてのエサ資源が基本ニッチを決める。

しかし、ニッチを奪い合うライバルがいれば、ニッチを独占することはできない。すると、ライバルとの争いの中でライバルよりも有利な条件であればニッチを獲得できるが、ライバルよりも不利な条件ではニッチを奪われることになる。こうして、ライバルとなるさまざまな生物と競い合った末に勝ち取ったニッチが「実現ニッチ」である。

ジェネラリストとスペシャリストではどちらが有利か？

世の中にはジェネラリストという言葉と、スペシャリストという言葉がある。

ビジネスの場面ではジェネラリストは、さまざまな業務をこなしたり、さまざまな分野に精通した人を言う。一方、スペシャリストは特定の分野に関する深い知識や経験を持つ人を言う。

生物の世界でも、さまざまな環境に適応し、さまざまなものをエサにできるジェネラリストと呼ばれる生き物と、特定の環境や特定のエサを専門にするスペシャリストと呼ばれる生き物がいる。それでは、ジェネラリストの生き物とスペシャリストの生き物とは、どちらが有利なのだろうか。

生物の世界では、間違いなくスペシャリストが有利である。

何しろ、生物の世界は、ニッチの奪い合いである。常に激しい競争が繰り広げられ、競争に有利なものは生き残り、競争に不利なものは滅んでいく。

そんな戦いに勝利するためには、「何でもできます」というジェネラリストではとても勝ち残ることができない。「ここだけは負けない」というスペシャリストであることが必要なのである。

こうして、すべての生物は、「ここだけは負けない」というニッチを獲得している。そして、そんな生物たちによって、自然界のニッチは埋め尽くされているのだ。

ただし、それではジェネラリストは必要ないのかというと、そう言い切れないのが、自然界の難しいところだ。

たとえば、あまりにスペシャリストとして特化すると、環境が変化したときに対応できなくなる。あるいは新天地に分布を広げていく上でもジェネラリストの特性が求められる。

自然界はスペシャリストでなければ生きてはいけない。しかし、生き残っていく上ではジェネラリストの特性も求められる。

自然界の生き物たちは、こうしてスペシャリストとジェネラリストのバランスを保ちながら生存戦略を組み立てているのである。

勝てるところで勝負する、勝てなければずらす

競争に対する生物のセオリーは極めてシンプルである。

「勝てるところで勝負する」「勝てなければずらす」

これが生物のセオリーである。

生き物の競争は生き残りをかけた戦いである。戦って負けることは死を意味していたり、種族の絶滅を意味することである。生物たちは、そんな厳しい状況にあるのである。

負ければ滅びる、そんな厳しい自然界で生き残っている生物というのは、「一度も負けたことのない生物」ということになる。そんなことはありえるのだろうか。

負けたことがないからと言って、生き残っている生き物たちが連戦連勝で勝ち続けてきたわけではない。

戦って負ければ滅びるのだから、大切なことは「戦わないこと」なのだ。

そのため、生物たちはできるだけ「戦わない戦略」を発達させている。

そして、その戦わない戦略の極意が、「ずらす戦略」なのである。

たとえば、カブトムシとクワガタムシが戦うバトルに、子どもたちは胸を躍らせるが、自然界でカブトムシとクワガタムシがバトルを繰り広げることは少ない。

もちろん、餌場でかち合って戦いを繰り広げることはあるだろう。しかし、強力なアゴで相手をはさみつけるクワガタムシに対して、相手の体の下に角を入れ込んで、ひっくり返すことのできるカブトムシの方が、戦い方として圧倒的に有利である。そのため、多くの場合はカブトムシが勝つ。一度や二度投げられるくらいならまだしも、餌場をめぐって毎回毎回こんなことをしていては、クワガタムシは、とてもエサにありつくことができない。飢えて死んでしまうことだろう。しかし、クワガタムシは生き抜いている。

実際には、クワガタムシはカブトムシと活動する時期をずらしている。カブトムシが活動するのは、夏の暑い時期である。一方、クワガタムシの仲間は、もう少し涼しい季節を選んで発生する。もちろん、カブトムシと完全にずらすことは難しいから、出くわすことはあるかもしれないが、カブトムシの発生のピークが過ぎていれば、餌場で会うことも多くはないだろう。

あるいは、クワガタムシの種類によっては、カブトムシの発生する標高の低い里山ではなく、もう少し標高が高く涼しい地域で活動する種類もいる。

こうして、ずらしているのである。


生存競争はニッチの奪い合いである。まさに生存をかけたイス取りゲームだ。

そして、空白となったニッチには、速やかに他の生物が侵入して、ニッチを占有する。

こうして、地球上のありとあらゆるニッチが、ありとあらゆる生物によって埋め尽くされているのである。

「島」というブルー・オーシャン

しかし、である。

「島」という環境はどうだろう。

島という環境にはニッチがぽっかりと空いていることがある。

できたばかりの島であれば、まだ生物はほとんどすんでいない。ありとあらゆるニッチが空席のままである。

あるいは、できてから時間の経った島であっても、遠く離れた島であればどうだろう。その島にたどりつくことのできる生物は限られている。そうだとすれば、やはり空席となったニッチが多くあるはずだ。

ビジネスの世界では、「ブルー・オーシャン戦略」という考え方がある。

ブルー・オーシャン戦略は、W・チャン・キムとレネ・モボルニュが提唱した戦略論である。彼らは血みどろの激しい競争に打ち勝つ戦略をレッド・オーシャンと呼び、競争相手のいない新たな市場を創り出す戦略をブルー・オーシャン戦略としたのである。

ブルー・オーシャン戦略では、ブルー・オーシャンは見つけ出すものではなく、創り出すものであるとされている。ただし、市場を創り出すという作業は、誰も気づかなかった潜在的な価値やウォンツを見出すという作業でもあるだろう。

生物にとっては、新たな環境を作り出すことはできない。しかも、ありとあらゆるニッチはさまざまな生物によって埋め尽くされている。

どんなに斬新なアイデアを出しても、そのニッチはすでに他の生き物で占められていることだろう。新たなニッチを見出すことは簡単ではないのだ。

しかし、島はどうだろう。島は天が与えてくれた「新たなニッチ」である。島という環境は、陸地ではあるが、生物にとっては大いなるブルー・オーシャンなのだ。

不調和の生み出すもの

かの進化学者のダーウィンは、大陸の生物相を「調和したもの」と表現したのに対して、島に発達する生物相を「不調和なもの」と表現した。不調和というと、何かうまくいっていないようなニュアンスがあるかもしれないが、そうではない。「調和したもの」と表現された大陸の生物相は、激しい競争と干渉の結果、すき間なく生き物のニッチで埋め尽くされているのに対して、島の生物相は、空白があるとしたのである。そのため、大陸に比べると競争が緩やかで、大陸では生き残れないようなものが、残存することができるのである。

ビジネスの成功の鍵が、新たなものを創り出したり、新たなニッチを見出すことにあるとすれば、不調和な島の環境には、そのチャンスがあまたあるということなのである。

生物にとって島にやってくることは簡単ではない。しかし、島にたどりつけば、大きなニッチの空白を手にすることができるのだ。

未開の地で靴を売るという話がある。

二人の靴のセールスマンが、未開の地に降り立った。原住民は、靴を履かずに裸足で生活をしている。一人のセールスマンは「靴を履く習慣がないのだから、靴を売るのは無理だ」と判断した。一方、もう一人のセールスマンは、こう判断した。「現地の人は誰も靴を持っていないのだから、これは大きな市場になる」。

島という環境は特殊な環境である。生存に適した環境ではないかもしれない。しかし、その島という環境にたどりつき、島という環境に適応することができれば、そこに新たなニッチを生み出すことができるのだ。

そして生き物は分化する

ニッチの空白があれば、生き物はニッチを広げるように新たなニッチに入り込み、ニッチを占有してゆく。

しかし、あまりにニッチが大きいと、さまざまな環境がニッチに含まれてくる。ニッチは生物種を対象とした概念であるが、実際には、同じ生物種の中でも、個体ごとにエサや生息場所をめぐって競争が繰り広げられる。

たとえばニッチの空白域だからといって、森林も草原も水辺もすべてニッチだと広げていっても、やはり森林には森林の環境に適応した進化が有利となり、水辺には水辺の環境に適応した進化が有利となる。そうなると、一つの種の中にも、森林を得意とするスペシャリスト集団と、水辺を得意とするスペシャリスト集団が現れる。このように同じ生物種の中に、いくつかの特徴的なグループが現れることを種内変異という。

会社も他分野に事業を拡大していくと、子会社化して別の会社にした方が良いのと同じだ。

種内変異が進むと、同じ生物種ではあるが、もう別の種類と言ってもいいくらい見分けがつくようになることがある。こうなると種は同じだが、別に分類した方が良い場面が出てくるので、亜種という種の一つ下のレベルで区別されるようになる。

そして、このグループ間の差が大きくなり、もう二つのグループは行き来したり、お互いに交わらなくなるくらい別の集団になってくると、だんだんと別の種として扱われるようになってくる。

生物の進化はこのようにして起こると言われている。

子会社でグループを形成していても、あまりに事業がかけ離れていけば、まったくの別会社にした方がやりやすいだろう。それと同じようなものである。

生物の世界では、こうして新しい種が作られていくのである。

ダーウィンがたどりついたアイデア

生物の進化はどのようにして起こるのかについては、じつのところはよくわかっていない。

しかし、ダーウィンがガラパゴス諸島で着想したアイデアは、進化の過程をよく説明していると考えられており、現在の進化論の基礎となっている。

ビーグル号で若きダーウィンが訪れたガラパゴス諸島は、小さな島々が集まって構成されている。

ダーウィンに進化論の最初のアイデアをもたらしたものは、フィンチと呼ばれるスズメ目ホオジロ科の小さな島であった。

ガラパゴス諸島の島々を巡るうちに、ダーウィンは島によってフィンチの性質が違うことに気がつく。

たとえば、地上でサボテンの実や草木の種子をエサにしているフィンチ類は、実や種子を砕くための太くてがっしりとしたくちばしを持っている。これに対して、木の上で昆虫をエサにしているフィンチ類は、昆虫を捕らえやすいように細いくちばしを持っている。中にはサボテンのトゲなどを道具にして木の皮の下の虫を捕らえる種類や、サボテンの花の蜜を吸うフィンチ類もいる。フィンチの仲間でも環境によって、さまざまなバリエーションがいるのである。

ガラパゴス諸島の生物たちは、何らかの方法で海を越えて渡ってきた生物の子孫だろうと彼は考えていた。それなのに、島によって生物は少しずつ性質が異なる……。これはどういうことなのだろう。

この観察から、生物は不変なのではなく、環境にふさわしい姿に変化するという進化論にたどりつくのである。

フィンチのような進化は、いったいどのようにして起こったのだろう。そして、ガラパゴスの進化はどのようにして起こるのだろう。

次の章では、島という環境が生物にもたらすものを見てみることにしよう。

章扉の正解　海に潜り自在に泳ぎ回ることのできるウミイグアナの餌は何でしょう。

正解は　**海藻。**

ウミイグアナは海に潜ることができるような特殊な進化をした、は虫類である。そして、尾をくねらせながら、海の中を自由自在に泳ぐことができる。そんなに泳ぎが得意であれば、魚を餌にしても良さそうなものである。あるいは、貝を拾って食べることもできるような気もする。

しかし、自然界を生き抜く上で重要なことはオンリー1であることである。

魚を餌にする生き物は、いくらでもいる。貝を餌にする生き物もいくらでもいる。ウミイグアナは、は虫類の中ではずば抜けて泳ぎが得意であるが、泳ぎが得意な生き物は他にいくらでもいる。

イグアナは草食のは虫類として進化してきた。その立ち位置を見失うことなく、ウミイグアナは、「海の中を自在に泳ぎ回り海藻を食べる」というオンリー1のニッチを大切にしているのである。

第2章

島の生き物たちの進化

小さいネズミと大きなネズミは
どちらが有利なのだろう？

（正解は本文中）

固有種という進化

海にぽっかりと浮かんだ「島」とは、どのような環境だろう。

島のでき方はさまざまである。大陸と地続きだった場所が、海で隔てられて島になることもある。

あるいは、海底火山の噴火や地殻変動によってまったく新しく島が作られることもある。ガラパゴス諸島は、火山活動によってまったく新しく作られた島だ。

その地域のオリジナルの生き物を固有種という。

島という環境で固有の生き物が生まれるのには、二つの方法がある。

一つは、もともとはさまざまな地域に生息していた生き物が絶滅してしまい、島でだけ生き残る方法である。このようにして生まれた固有種を「残存固有種」という。

これに対して、島に渡った生き物が独自の進化をして新たに生まれた固有種を「新生固有種」という。

ここでは、新しく作られた「島」という環境を舞台に、「新生固有種」の誕生を見てみることにしよう。

できたばかりの島には、最初は何の生物もいない。不毛の大地である。

しかし、生物たちにとっては、そこは巨大なニッチの空白である。その新たなニッチに、さまざまな生物が進出を試みるのだ。

島を手にするために必要なこと

島は、地理的に大陸から離れた場所にある。そのため、島には限られた生き物だけがやってくることになる。

選ばれし者だけがやってくる島は楽園である。

島にやってくるのは大変だが、恐ろしい捕食者や強力なライバルはやってこないかもしれない。

ただし、島に移動しなければ、この楽園を手にすることはできない。

島の生物となる生き物たちに必要なことは、島にたどりつくという移動能力である。

島で進化した結果、移動能力が失われるということはあるかもしれないが、少なくとも祖先は、島にたどりつくだけの移動能力を持っていなければならない。

それにしても、陸地から遠く離れた島に、生き物たちはどのようにしてやってくるのだろう。

その方法は限られている。

一つは風に乗るという方法だ。自ら飛ぶことも考えられるが、相当の飛行能力を必要とする。そのため、昆虫のような羽を持つ生き物であっても、なかなか島にたどりつくことはできない。それよりも、風に飛ばされてしまうような小さな虫の方が島に移動してくることが多い。

二つ目は海流に乗るという方法である。

植物のタネや芋などの器官が、波に乗って流れ着くことがある。あるいは、流木に乗ってたどりつく昆虫や動物もある。

海のただ中に浮かぶ無人島には、ヤシの木だけが植わっているイメージがある。

もちろん、これには理由がある。ヤシの実は水に浮かびやすくなっている。そして、海流に乗って新たな島へと運ばれやすい仕組みになっているのだ。

もちろん、何となく流されているわけではない。あんな大きなヤシの実が水に浮くようになっているというのは、ちゃんとしたヤシの戦略なのだ。

一方、島にたどりついてしまえば、「浮かびやすく流されやすい」という性質は不要になる。新たな次の島に移動するためには、水に浮かぶことは必要だが、その島に固

着するのであれば、浮かびやすいことはむしろデメリットになるのだ。実際に、ナタマメという マメの仲間は、ヤシと同じように莢《さや》が水に浮かんで流されて分布を広げるが、ハワイに分布するナタマメの莢は水に浮くことができない。水に浮かないように進化しているのである。

風に乗る、流れに乗るというのは、何だか新たなビジネスを始めるのにも似ている気がする。

三つ目は鳥に運ばれるという方法である。鳥は飛行能力が優れている。遠く離れた島に自力でやってこられるのは、鳥である。

植物は動くことはできないが、鳥に運んでもらえば、島にたどりつくことができる。たとえば、鳥の羽にくっついて島に運ばれてくる植物の種子もある。

あるいは、果実を鳥に食べさせるという植物の戦略もある。鳥は果実といっしょに種子を丸呑みする。そして、消化器官を通って、糞といっしょに体外に排出するのだ。

こうして、さまざまな方法によって島に、生き物たちがやってくるのである。

「島」という環境

島の大きさにもよるが、島の環境には、大きく二つの特徴がある。

一つは、捕食者となる強大な敵がいないこと。もう一つは、島という資源と空間が限られた中で競争が起こるということである。

限られた面積の中で、限られた資源をめぐって競争が起こる。恐ろしい捕食者や強力なライバルはいないかもしれないが、同じ種類の中で生存競争が起こる。

競争には、種間競争と呼ばれる別の種類との競争と、種内競争と呼ばれる同じ種類どうしの競争とがある。たとえば、餌場をめぐってカブトムシとクワガタムシが争い合うのは種間競争である。一方、カブトムシどうしが争い合うのが、種内競争だ。

恐ろしい捕食者や強力なライバルがいない島という環境では、激しい競争は起こりにくいと言われる。しかし、競争がまったくないわけではない。ライバルがいない島では、種内競争が激しくなるのだ。

これは、ビジネスで言えば、限られた市場をめぐる同業者や業界内の競争ということになるだろう。

もう移動は必要ない

すでに紹介したように、島に流れ着いた植物の中には、水に浮かぶ機能を失ってしまうものもある。島に居着いてしまえば、もう移動する必要はないのだ。

島に渡ってきた鳥の中にも、ある変化が起こることがある。

島には飛べない鳥が多く見られるのである。

鳥は飛ぶのが当たり前のような気もするが、鳥にとっても飛ぶというのはエネルギーを必要とする。公園のハトでさえ、追い立てても簡単には飛び立たずに、できるだけ走って逃げようとする。飛ぶということは、それだけエネルギーを消耗する行動であり、できれば避けたい行動なのだ。

もちろん、「飛ぶ」ということは、遠くまで移動したり、敵から逃れるには、効果的である。しかし、もし、移動する必要がなく、敵から逃れる必要もなくなれば、飛ぶ必要はなくなるのだ。

暮らしやすく居心地の良い島であれば、鳥はもう移動する必要はない。さらに、鳥がやってきた島という環境は、恐ろしい天敵は海を渡れずにいることも多い。島には天敵が少ないのだ。

そのため、島に居着いた鳥は、無駄な飛ぶ能力を失い、飛ばない鳥として進化を遂げるのである。

つまり、飛べなくなったのではなく、飛ばなくなったのだ。

たとえば、ニュージーランド島のキーウィは有名だろう。キーウィは、ニワトリほどの大きさしかなく、まったくの無防備なように見える。しかし、島という環境であれば立派に生きていける。飛ぶというのは無駄な行為なのだ。

キーウィは自分の体の大きさに対する割合では、もっとも大きな卵を産む鳥である。何と、キーウィのメスは、自分の体の二割ほどもある巨大な卵を産むのだ。空を飛ばないことで余ったエネルギーを、子孫を残すという生物本来の目的のために投資しているのである。

大型哺乳類の存在しなかったニュージーランドには、飛べない鳥が多い。絶滅してしまったモアもニュージーランドの鳥である。また、オウムの仲間であるフクロウオウム（カカポ）やクイナの仲間のタカへやニュージーランドクイナなど、ニュージーランドには、さまざまな飛べない鳥が生息している。

もちろん、進化の島、ガラパゴス諸島にも飛べない鳥はいる。それは、ガラパゴスコバネウというウの仲間である。その名のとおり、羽が小さく飛ぶことができない。世界に三〇種ほどいるウの仲間の中で、飛ぶことができないのは、このガラパゴスのウだけである。

アフリカのマダガスカル島にも、空を飛べないノドジロクイナがいる。

そういえば、日本で唯一の飛べない鳥であるヤンバルクイナも、沖縄という島にすんでいる。

「鳥は飛ぶのが当たり前」ではない。「鳥は飛ぶべきである」も間違いである。

鳥だって飛ぶ必要がなければ、飛ばなくたっていいのだ。それが、島の論理である。

生き物の「島の法則」

島の生態系では、自分の身を危険に追い込むような天敵の捕食者は少ないが、その代わり同じ種類どうしの種内競争が激しいという特徴がある。

このような環境で、生物はどのような進化を遂げるのだろうか。

生物には「島の法則（アイランド・ルール）」と呼ばれる法則が存在する。

孤立化した小さな島では、シカやイノシシのような大きな動物は、大陸にすむ種類よりも、体が小さくなり矮小化する。これに対して、ネズミやウサギのような小さな生物は、島にすむ種類の方が、大陸にすむ種類よりも体のサイズが大きくなり巨大化するというのである。

この現象は、「島嶼化《とうしょか》」と呼ばれ、あるいは発見者の名を取って、フォスターの法則とも呼ばれている。

どうして、このようなことが起こるのだろうか。

島嶼化の前提となるのは、天敵がいないということである。

孤立化した島という環境は、大陸に比べると侵入している天敵が少ない。大型の動物は、体が大きいほうが捕食者に襲われにくくなるから、天敵から身を守るために、体を大きくしている。ところが、島では、捕食者から身を守る必要がないために、体のサイズが小さくなるのである。つまり、身を守るために、本来のサイズよりも無理をして大きな体にしていたということになる。体を大きくすることが大型の動物の戦略だったのだ。

一方、体を小さくすることは、同じ種類どうしの種内競争を緩和する上でも役に立つ。生物の個体どうしの競争は、エサやすみかとなる空間をめぐる争いである。一頭一頭のサイズが大きいとエサも足りなくなるし、空間もせまくなる。しかし、お互いに体が小さくなれば、無用な争いを減らすことができるのだ。こうして、大型の動物は、無理のないサイズに落ち着き、結果として大陸のものよりも小さくなるのである。

小ささも戦略のうち

それでは、ネズミやウサギなど小さい動物はどうだろう。これらの動物は、どうして天敵のいない環境で逆に体が大きくなるのだろうか。

大きいことは、生存競争を勝ち抜く上で有利である。

それでは、小さいことは、生存競争にとって不利なことなのだろうか。

たとえば、ネズミは小さく弱い生物である。しかし、小さいことがダメなことかと言えばそうではない。

小さな動物は、敵に襲われれば物陰や小さな穴に逃げ込むことができる。隠れるには、小さい体のほうが身を隠しやすいのだ。それに、ライオンやトラのような強大な猛獣は、ネズミのような小さな獲物はまともに相手にはしないことだろう。

「体が小さい」ということには、それなりのメリットがある。つまり、体を小さくするということも、立派な戦略なのだ。そのため、天敵の多い場所では、ネズミなどの動物は、わざわざ体を小さくしているのである。

島では、天敵がいないので、わざわざ体を小さくすることはない。そのため、小さな動物は、島では体が大きくなるのだ。

もちろん、体を大きくすることには、他にもメリットがある。

天敵のいない島では、同じ種類どうしの種間競争が激しくなる。体が大きいほうが、他の仲間と戦うには有利となることだろう。

島の生物ではないが、世界最大のネズミであるカピバラは、もともとは小さなネズミであったが、南米大陸に進出した時代に、有力な天敵がいなかったことから、体が大きくなったと考えられている。

生物にとっては、「大きな体」も「小さな体」も戦略的なものである。そして、無理に大きくしたり、小さくする必要のない島という環境では、大きな生物は小さくなり、小さな動物は大きくなるのである。

サイズを変えた動物たち

島の法則は、どのような生物で観察されるのだろうか。

大きな動物が小さくなった例はどのようなものがあるのだろう。

たとえば、鹿児島県の南西諸島にすむヤクシカやリュウキュウジカは、ニホンジカの亜種であるとされている。亜種というのは、同じ種類ではあるが、異なる特徴を持つ集団を区別するためのものだ。これらの島にすむシカは、日本の本土にすむニホンジカと同じ種類ではあるが、島の環境に適応して体が小さいという特徴で区別されている。また、屋久島にすむニホンザルも本土にすむものよりも、体が小さいため、ヤクシマザルという亜種として区別されている。

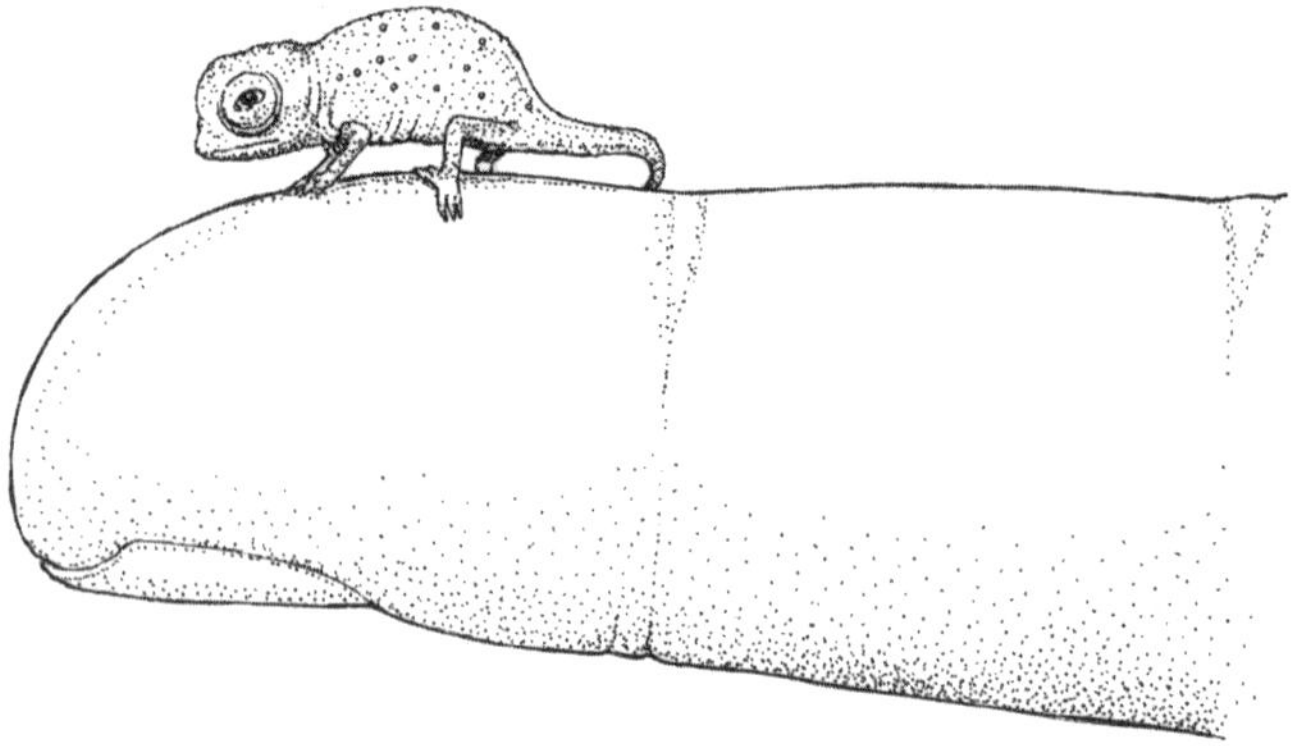

ブロケシア・ミクラ

あるいは、琉球列島に暮らすリュウキュウイノシシも、日本の本土に暮らすニホンイノシシの亜種であり、体が小さいことで特徴づけられる。

絶滅してしまったニホンオオカミは、大陸のオオカミよりも体が小さいのが特徴だ。体の小さなニホンオオカミは、日本列島という島で小型化した獲物に合わせて小型化したと考えられている。

島という環境では、無理をして体を大きくする必要はないのだ。

このような例は、哺乳類だけでなく爬虫類でも知られている。

日本の父島に侵入したグリーンアノールは、もともと北アメリカからやってきた外来生物だが、父島で暮らすうちに、元々のグリーンアノールよりも体のサイズが小さくなっていることが観察されている。あるいは、虫ほどの大きさしかない世界最小のカメレオンと言われるブロケシア・ミクラはアフリカのマダガスカル島で進化した生物だ。

それでは、逆に体が大きくなった動物もいるのだろうか。

アカリスというリスは北米大陸にすむものよりも、オーストラリアにすむものは大きく、また、マダガスカル島にすむものは、さらに大型とされている。あるいは、インドネシアのフローレス島のフローレスジャイアントネズミは、ネズミの中では大型であるドブネズミの二倍の大きさがある。

天敵のいない島という環境では、小さくなって逃げ隠れする必要もないということなのだ。

大型動物というニッチを埋める

生き物が生存するためには、「ニッチ」という居場所が必要である。

島という環境は、島にたどりつく生物が少ないためニッチが空いている。大型の生物は島に渡ってくることは簡単ではないから、「大型の生物」というニッチが空いている。

島にやってきた小さな生物の中には、その「大型の生物」というニッチを埋めるように、巨大化するものもある。

シカやウシなどの大型の動物がいない島では、さまざまな生物が巨大化した。ガラパゴス諸島にすむガラパゴスゾウガメもその例である。あるいは、今では絶滅してしまったが、ニュージーランドのモアやモーリシャス島のドードーなど巨大な鳥が地上を歩いていた。

また、大型の肉食動物がいない島では、小さな肉食動物が巨大化する。世界最大のトカゲであるインドネシアのコモド島のコモドオオトカゲ（コモドドラゴン）は、大型の肉食動物のニッチを占有して島で大型化した例である。

また、今では絶滅してしまったが、キューバでは一メートルを超えるような体を持ち、地上を歩き回るフクロウが存在していたと考えられている。肉食獣のいない島で、フクロウは地上で最大の肉食動物となったのである。

大きいことは良いことか？

恐竜の時代、大きいことは強いことであった。

恐竜たちは、競い合って巨大化していった。肉食恐竜は巨大化することで獲物を捕らえやすくなる。体が大きくなれば、ライバルとなる他の肉食恐竜との戦いにも有利だ。

草食恐竜たちは、肉食恐竜から身を守るために体を大きくしなければならない。体が大きくなれば、肉食恐竜に襲われにくくなるからだ。もちろん、体が大きくなれば、ライバルとなる他の草食動物との餌場争いにも有利になる。

こうして、草食恐竜が巨大化すれば、それをエサにする肉食恐竜はさらに巨大化する。そして、肉食恐竜が巨大化すれば、草食恐竜はますます体を大きくする。

巨大化の競争は止まらないのだ。

竜脚類と呼ばれる首の長い恐竜は、草食恐竜の中でも特に体の大きいグループだ。たとえば、竜脚類のブラキオサウルスは、全長二十五メートルにもなる巨大な体を持っている。

ところが、である。

ドイツ北部の地層から、奇妙な化石が見つかった。

巨大なブラキオサウルスに近縁の恐竜であるにもかかわらず、この化石は体長が六メートルしかない。体が小さかったのだ。長い首を除けば、肩までの高さは一・六メー

エウロパサウルス

トル。これはウマの高さと変わらない。この恐竜はヨーロッパの恐竜という意味で、エウロパサウルスと名づけられた。

エウロパサウルスは、どうして、こんなに小さな体をしているのだろうか。

じつは、大昔のヨーロッパは島々が転々としていたと考えられている。そして、エウロパサウルスは島で進化を遂げたのである。

島という環境では、競争が少ない。恐ろしい肉食恐竜がいなかったかもしれない。そんな環境では大きくなっても無駄なのだ。むしろ、体を小さくしたほうがわずかなエサや、限られた空間で生息することができる。小さいほうが有利なのである。

恐竜でさえ、体が大きいことが当たり前

ではない。恐竜でさえ、無理をして体を大きくしているのである。いかに、巨大化した恐竜たちは無理をしていたことだろう。いかに、恐竜たちは無益な競争を繰り返していたことだろう。

大きいほうが強い、小さい者はスキマを狙うしかない、というのは競争の激しい大陸の進化である。

島の進化というのは、もっと自由なのだ。

島では偶然がチャンスを生む

生物の生存に関係する要素には、適したものが生き残るという「自然淘汰」と、偶然によって生き残るという「遺伝的浮動」とがある。

競争の緩やかな島では、遺伝的浮動の効果が大きくなる。つまり、偶然性が左右することが多くなるのだ。

たとえば、「日本初上陸」とか「本邦初公開」と言えば、日本では人気が高まる。

しかし、それは優れたものが、選りすぐられて日本にやってきたとは限らない。日本に最初にやってきた商品が、たまたまその商品だったというだけである。
しかし、日本にやってきたものが、偶然選ばれたその商品だったとしても、日本人にとっては、初めて目にしたその商品の印象が強くなる。そして、その商品の印象で市場が形作られていくのだ。

島の生物でも同じようなことが起こる。

初めて島にやってきたものが、優れているとは限らない。

それはたまたま島に流れ着いただけのものかもしれない。

しかし、偶然によって選ばれたその個体が、島の住人となり、その個体の子孫たちが島に広がっていくのだ。

この現象は「創始者効果」と呼ばれている。

つまり、島の生物の進化は、その性質が優れているかどうかというよりも、最初にやってきた創始者がどんな性質のものだったのかの影響が大きいということである。

たとえば熱帯地域から亜熱帯地域に分布するルリハコベという植物がある。ルリハコベは、るり色の名のとおり、鮮やかなブルーの花が特徴だ。

ところが、日本の小笠原に見られるルリハコベは、花の色が赤い。

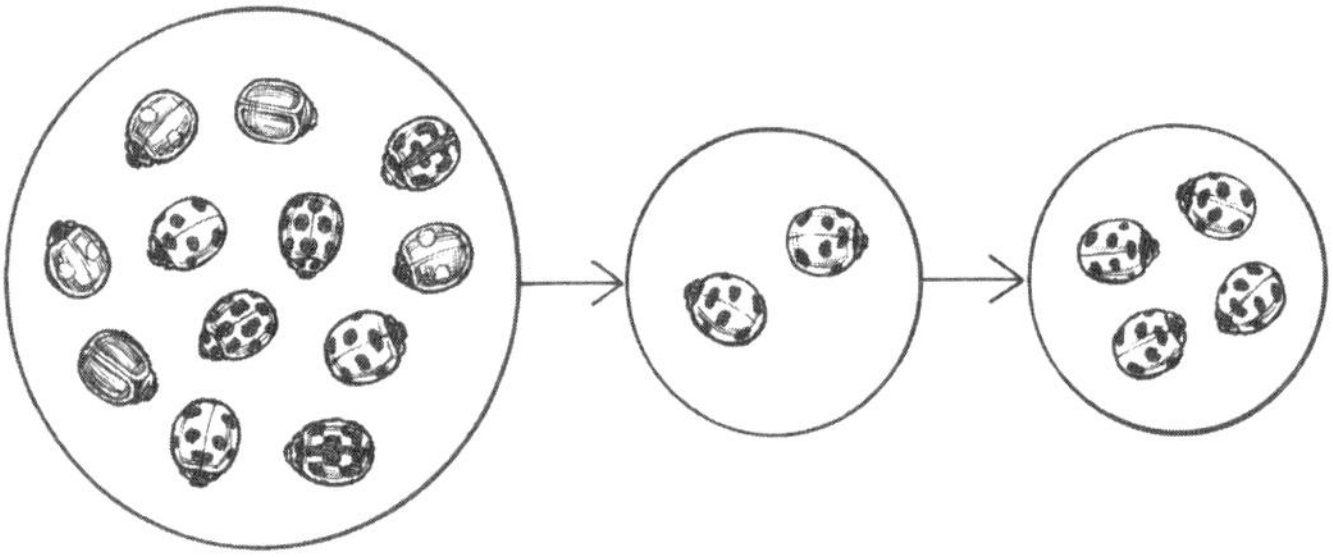

創始者効果

じつは、ルリハコベはときどき、赤色の突然変異が起こることがある。そして、小笠原にはたまたま、この赤色の個体が侵入して、広がったと考えられているのである。けっして赤色の花が優れていたわけではない。たまたま侵入したのが赤色の個体だったというだけなのだ。

このようにたまたま侵入した個体が創始者となり、その性質が広がっていく。これが創始者効果である。

とはいえ、優れていることと、優れていないこととは紙一重である。

競争を勝ち抜く上で優れていることが、必ずしも全ての面で優れているとは限らないし、競争に負けたからといって、価値がないわけではない。そのため島では、大陸では敗れ去って淘汰されてしまったものが残っていたり、独自の進化を遂げることがあるのである。

さらに偶然が重なっていく

さらには、「ボトルネック効果」と呼ばれるものもある。

島の中でも、さまざまな生存競争が起こる。しかし、その中でも優れたものが選ばれるとは限らない。

たまたま選ばれたものが生き残るということも、よく起こる。それが、ボトルネック効果である。

たとえば、同じ種類の中にA、B、C、D、Eという五つのタイプが同じくらいの割合で存在したとする。

もし、集団が大きかったとしたら、どうだろう。たとえば、A、B、C、D、Eそれぞれが一〇〇個体ずついる。もし、火山の噴火などの天変地異が起きて、この集団の半分が滅んでしまったとしよう。しかし、残った半分の中にはAもBもCもDもEも、それなりの数がいることだろう。

ボトルネック効果

それでは集団が小さかったらどうだろう。Ａ、Ｂ、Ｃ、Ｄ、Ｅが二個体ずつしかいない。つまり全部で一〇個体の集団だ。このうち半分が滅んでしまったとしよう。つまり、生き残ったのは五個体だけである。この五個体が、Ａ、Ｂ、Ｃ、Ｄ、Ｅのすべてで構成される可能性は低い。このうちの、どれかは残ることができないだろう。たとえば、Ａが二個体、Ｂが二個体、Ｃが一個体というように生き残ったとしよう。しかし、生き残ったＡとＢとＣが優れているとは限らない。生き残ったのはたまたまの偶然である。

　このＡ、Ａ、Ｂ、Ｂ、Ｃが倍に増えて、Ａが四個体、Ｂが四個体、Ｃが二個体の一〇個体の集団になったとする。そして、再び天変地異が起こり、今度は二個体しか生き残ることができなかった。この二個体は両方ともAだったということも起こる。しかし、Aが優れていたわけではない。たまたまAが生き残ったというだけの話だ。

集団が小さい場合、まるでビンの口が細くなるように、急激に数が減ると、偶然性に左右される。これがボトルネック（びん首）効果と呼ばれるものである。

集団が小さくなりやすい島という環境では、ボトルネック効果が起こる。つまり、島では偶然性に左右されることが多くなるのである。

ただし、まったくの偶然とも限らない。

たとえば、山の高いところに分布を広げられたものが洪水や津波から生き残ったり、乾燥や低温に強いものが生き残ったりする。何が有利に働いて、生き残るかというのは偶然だが、特定の性質を持つ集団が生き残ることはある。しかし、こうして島ごとに独自の性質が発展し、独自の進化を遂げていくのである。

人は良いものを選ぶ

自然界では、島にやってくるものが優れているとは限らない。

しかし、人間が関わると、話が変わってくる。人間が島に持ち込むものは、人間の選択が入るから、良いものが恣意的に選ばれるということもある。そして、選りすぐりのものが島へとやってくるのだ。

たとえば、植物ではヒガンバナがそうだ。

ヒガンバナは中国原産の植物である。ヒガンバナの球根は毒があるが、毒抜きをすると貴重なでんぷん源となる。そのため、米が日本に伝えられるよりも、ずっと古い時代に人間がヒガンバナの球根を日本列島に持ち込んだと考えられている。

原産地のヒガンバナには、種子を作る二倍体のものと、種子を作らずに球根を太らせる三倍体のものとがある。しかし、日本で見られるヒガンバナはすべて三倍体である。食糧にするには、球根が太るものの方がいい。そのため、食糧として適した三倍体のヒガンバナが選ばれて、日本に持ち込まれたのである。

私たちの主食である米を実らせるイネは、もともとは熱帯の植物である。原産地に近い場所では、さまざまなタイプのイネがある。その中からより収量が多く、栽培しやすいものが選ばれて、さらに改良されていった。そして、寒さに強いものが選ばれて、北へ北へと伝わり、ついに日本という島国にたどりつくのである。日本は、イネの栽培の北限の地なのである。

島には、偶然にやってくるものも多いが、人の意図が関わると、島には選りすぐりのものがやってくる。そして、そんな選りすぐりが集まってくることも、島の特徴なのである。

ごちゃまぜの強さ

さらに、島では独特の進化が進む。

島にやってくるのは、たった一つの集団ではない。

たとえば、大陸では遠く離れた場所にAという集団とBという集団とがあったとする。A集団とB集団とは、互いに会うことはない。しかし、Aという集団とBという集団が、それぞれ島に渡ってくると、島ではA集団とB集団とが出会う。そして、AとBとは雑種を作りながら融合し、新たなグループに進化を遂げるのである。

あるいは、大陸ではCという集団が時代を経て、Dという集団に進化を遂げたとする。C集団とD集団とは時代が違うから、同じ時代に存在することはない。

しかし、島ではどうだろう。遠い昔にC集団が島に渡ってきたとしよう。進化の進んだ大陸ではC集団は、すでに過去のものとなっている。しかし、島にはC集団が残っている。そこにD集団が島に渡ってくれば、まるでタイムマシンに乗ったかのように、C集団とD集団が出会うことができる。

島という環境は、空間を超えて、時間を超えて、二つの集団が出会うチャンスを秘めている。それが新たな進化を生み出すのだ。

たとえば、人間が持ち込んだ野菜の例ではあるが、日本のホウレンソウは独自の進化を遂げている。「菠薐草（ホウレンソウ）」の「菠薐」はペルシアのことである。ペルシアに起源を持つホウレンソウは、中国に伝えられて発達した東洋種と、ヨーロッパに伝えられて発達した西洋種に大別される。東洋種は葉が薄くてやわらかいので、おひたしによく合う。これに対して西洋種は葉が厚く、崩れにくいので炒め物などに適している。日本では古くから東洋種のホウレンソウが栽培されてきたが、近代になると西洋種のホウレンソウも持ち込まれた。そして、日本では東洋種と西洋種を掛け合わせて、おひたしにも炒め物にも合う日本独自のホウレンソウを作り出したのである。

あるいはカブもそうである。

カブは中国で発達したアジア系のカブと、ヨーロッパで発達したヨーロッパ系のカブが存在する。カブは日本書紀にも記述があることから、古い時代にさまざまな文化とともに中国からもたらされたと考えられているが、さらに古い時代の稲作が伝来するよりも前に、北方を経由して日本に伝えられたヨーロッパ系のカブもあった。そして、日本ではヨーロッパ系のカブとアジア系のカブを交雑して、世界にないような多様なカブの品種を育成してきたのである。

そういえば、日本人もそうだ。北方から渡ってきた人々と、南方から渡ってきた人々が混ざり合い、多様な顔や多様な個性を持つ人種を作り上げた。

私たち日本人もまた、「島」という環境が作り上げた傑作なのだ。

第3章
ガラパゴスが生み出す新たな「新化」

「進化したハト」の姿を想像しなさい。

（正解は本文中）

不思議の国の生き物

ルイス・キャロルの『不思議の国のアリス』には、ドードー鳥と呼ばれる奇妙な鳥が登場する。ドードーは実在した鳥である。インド洋のマダガスカル沖に浮かぶモーリシャス島に生息していた。その丸々と太った奇妙な姿は、今でも、漫画やゲームなどのキャラクターとして人気である。残念ながら、人間という外来種が島にやってくると、またたく間に絶滅に追いやられてしまったが、絶滅した今でも、その独特の姿は人々の人気を集めている。

ドードーは太ったガチョウのような姿をしているが、ガチョウの仲間ではない。じつは、ハトの仲間である。

「進化したハト」というテーマで空想したとき、誰がドードーのような姿にたどりつくことができるだろうか。しかし、島という環境はドードーというユニークなアイデアを生み出したのである。

ドードーだけではない。島にはユニークな生き物が多い。

ドードー鳥

地上で最大の鳥であるモアやかわいらしい姿が人気のキーウィはニュージーランド島で進化を遂げた飛べない鳥である。あるいは、アニメで人気のワオキツネザルは、マダガスカル島固有の生き物である。

星の王子様に登場するバオバブの木は、「根を地中から引き抜き、さかさまに置きかえたようだ」と言われる奇妙な姿をしている。これもマダガスカルの固有の植物である。

他の場所では見られないユニークな島の生き物は、人々を魅了して止まないのだ。

オーストラリアは大陸ではあるが、他の大陸とは隔離された島の環境であった。このオーストラリアで見られるカンガルーやコアラといったユニークな生き物も、じつ

バオバブの木

ワオキツネザル

は「島」という隔離された環境で生み出されている。

どうして、島ではこのようなユニークな生き物たちが生み出されるのだろうか。

島で起こる進化の大爆発

前章で紹介したように、生き物の生存競争はニッチの奪い合いである。このニッチを獲得できなければ、生物は生存することを許されないのだ。

ところが、島という環境は、ニッチの空白がたくさんある。

この広大なニッチの空白には、さまざまな生物が環境に適応する形で進化をしてゆく。

これは、島だけの話ではない。

たとえば、恐竜が滅んだ後、恐竜が占めていたさまざまなニッチは、空白となった。そして、生き残った哺乳類の祖先は、そのニッチを埋めるように、さまざまな進化を遂げていったのである。

恐竜の時代、哺乳類は小さなネズミのような夜行性の生物であった。

ほとんどのニッチは恐竜たちによって占められていた。哺乳類は、体の大きな恐竜から逃れるように、茂みの中や小さな穴の中に身を隠し、しかも、多くの恐竜が行動をしない夜という限られたニッチで生き延びていたのである。

しかし、恐竜がいなくなってからはどうだろう。大型の草食恐竜のいなくなったニッチには、ゾウやウシなどのさまざまな草食動物が進化を遂げていった。そして、ティラノサウルスなどの肉食恐竜がいなくなった「肉食獣」というニッチには、ライオンやオオカミなどが進化を遂げていった。同じように木の上にも、水辺にもさまざまな哺乳類が進化をしていった。こうしてさまざまな哺乳類が誕生するのである。

このように、さまざまな環境に適応して、さまざまな方向に進化する様子は「適応放散」と呼ばれている。

オーストラリアの生物の進化

このような適応放散の例は、オーストラリアにわかりやすく見ることができる。

オーストラリアは大陸ではあるが、他の大陸と離れたところにあるという点では、島の特徴を持っている。

カンガルーなどの有袋類は、お腹の中で胎児を大きく育てることができないため、未熟な赤ちゃんを産んで、袋の中で育てる。

有袋類は哺乳類の中では、古いタイプである。遠い昔に大陸が地続きだったとき、有袋類は各地に分布していた。しかし、やがてオーストラリア大陸は分裂し、他の大陸と離れてしまったのだ。つまり、オーストラリアは離れた島になってしまったのである。

やがて世界では、お腹の中で胎児を十分に育てることができる正獣類と呼ばれる哺乳類が進化を遂げた。すると、古いタイプの有袋類は滅んでしまったのである。

ところが、海を隔てたオーストラリアでは、進化した哺乳類は出現せずに、有袋類しか存在しなかった。そのため、有袋類の祖先がさまざまに進化を遂げたのである。

つまりは、世界の進化の流れの影響をまったく受けないままに、取り残された古いタイプの有袋類が、独特の進化を遂げたのだ。

たとえば、オーストラリアで見られるカンガルーは、他の大陸ではシカなどが占めている大型草食動物のニッチを埋めるように進化した。ネズミが占めるはずのニッチにはフクロネズミが、モモンガのニッチにはフクロモモンガが進化した。そして、オオカミのような肉食獣のニッチにもフクロオオカミが進化した。さらに、地中にすむモグラという特殊なニッチにさえフクロモグラが進化を遂げ、アリを食べるというアリクイのニッチにはフクロアリクイが進化をした。そして、ずいぶん変わった生物に思えるナマケモノのニッチにまで、コアラが進化したのである。

その結果、有袋類しかいなかったにもかかわらず、他の大陸のさまざまな生物と同じように多様な生物が進化したのである。

世界の潮流とは離れたところで、独特の進化が進んだにもかかわらず、結果的にはオーストラリア以外で起こった進化と、よく似たような進化が進んでいるのが面白いところだ。

このように、それぞれ独立して進化したものが、結果的によく似た形に進化することは「収斂進化」と呼ばれている。

入り口や道のりはさまざまでも、ベストな答えがあるとすれば、たどりつく答えは

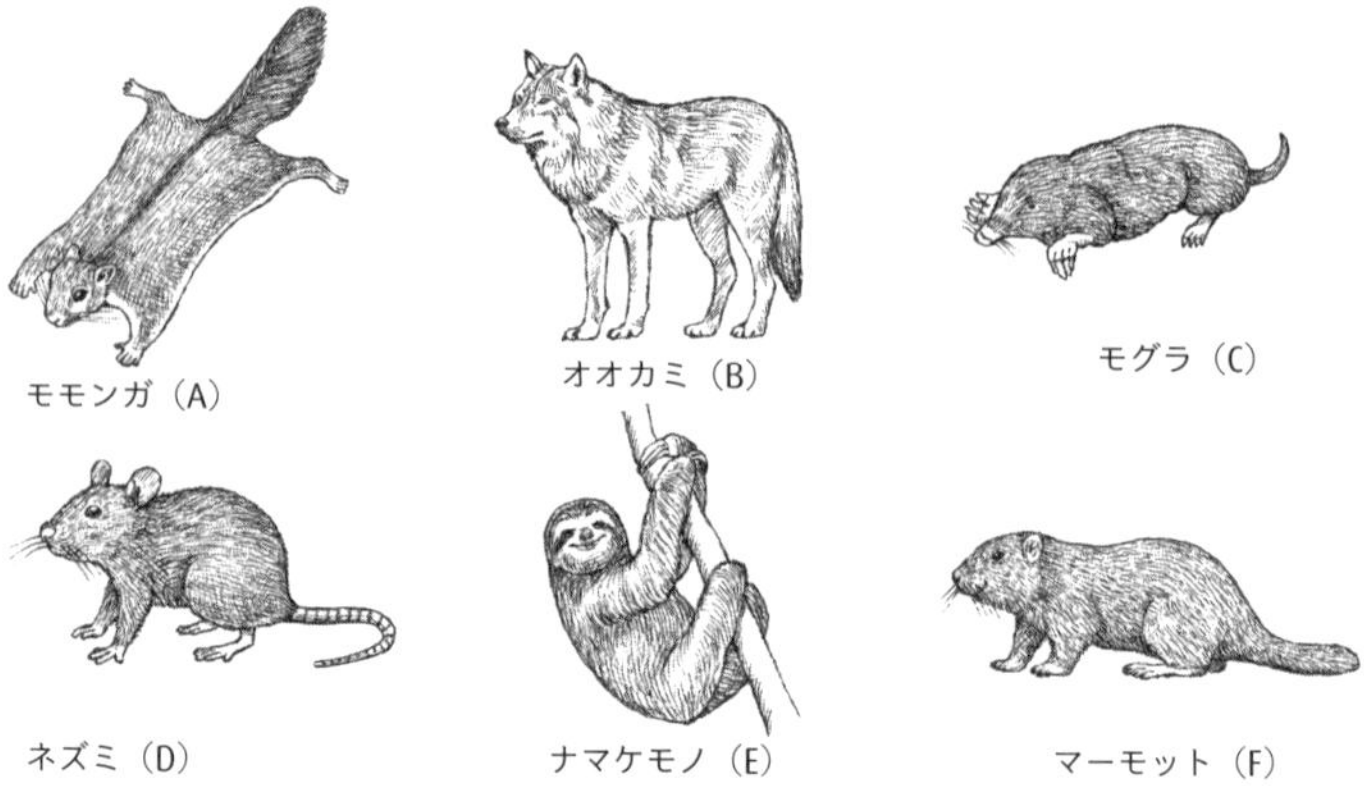

適応放散と収斂進化

オーストラリアでは進化した哺乳類は出現せずに、有袋類しか存在しなかった。その結果、有袋類しかいなかったにもかかわらず、他の大陸と似たような進化が進んでいる。

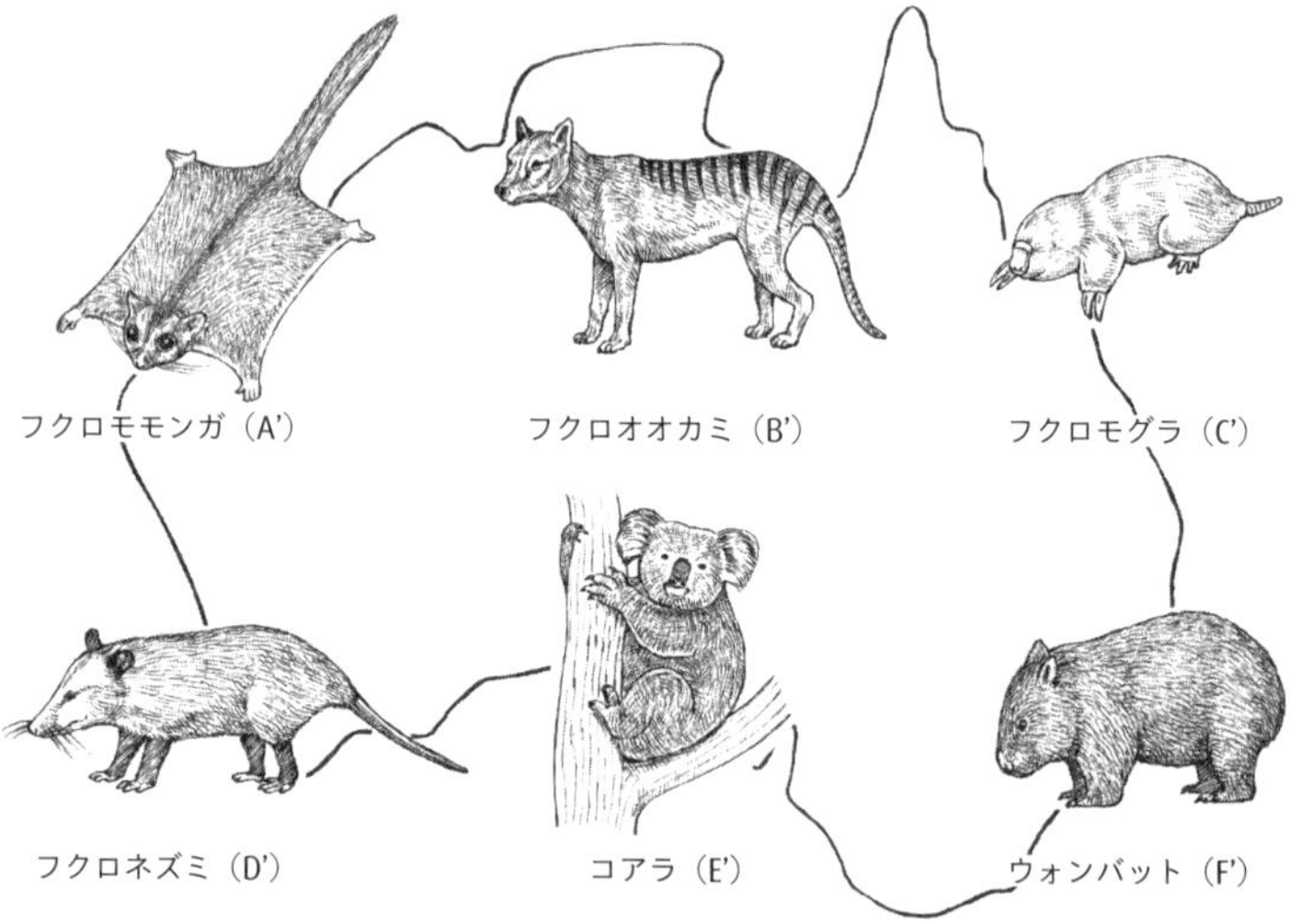

一つということなのだ。

しかし、見た目は同じでも、そのルーツはまったく違う。フクロオオカミもフクロモモンガも、すべてカンガルーと同じ有袋類の仲間なのだ。

新しいアイデアの源泉

「ガラパゴスの進化の弱点」とは、何だろうか。

ガラパゴスの進化の大きな特徴は「独自の進化」である。しかし、その独自の進化は、ときに深刻な弱点となる。

島という限られた中で独自の進化を遂げた結果、島の外の進化と大きくずれてかけ離れてしまう。そのため、島の外の生物の思わぬ出現に驚かされてしまうのだ。

それでは「ガラパゴスの進化の強み」とは、何だろうか。

それも「独自の進化」である。

草原で草を食む大型の動物は、何だろうか。

大陸では、その動物はウシである。

それでは、ガラパゴスではどうだろう。ガラパゴスでは草を食む大型の動物は、カメである。ガラパゴスゾウガメという名の大きなカメが、ウシのように草を食んでいるのである。

まさに、独自の進化である。

大陸では、ウシとカメとが、草をめぐって争うということはありえない。草を食む動物としては、カメよりもウシのほうがずっと優れている。カメがウシにかなうはずもない。カメがウシのように進化を遂げることなど、ありえなかったのである。

「草原で草を食む生き物」と聞いて、あなたは何を思い浮かべただろう。ウシの他には何があるだろう。ウマを思い浮かべるかもしれない、シカを思い浮かべるかも知れない、サイを思い浮かべるかもしれない。

誰が、カメを思い浮かべただろう。こんなにも固定観念をはずれた常識外れのアイデアに誰がたどりついただろう。

しかし、島という環境は、「草を食むカメ」という新しいアイデアを創造した。

オーストラリアほどではなくても、島では空白のニッチを埋めるように、他の生物が進化を遂げていく。そして、まったく新しい生き物が誕生していくのだ。

インドネシアのコモド島では、トラやオオカミのような肉食獣がいなかった。その

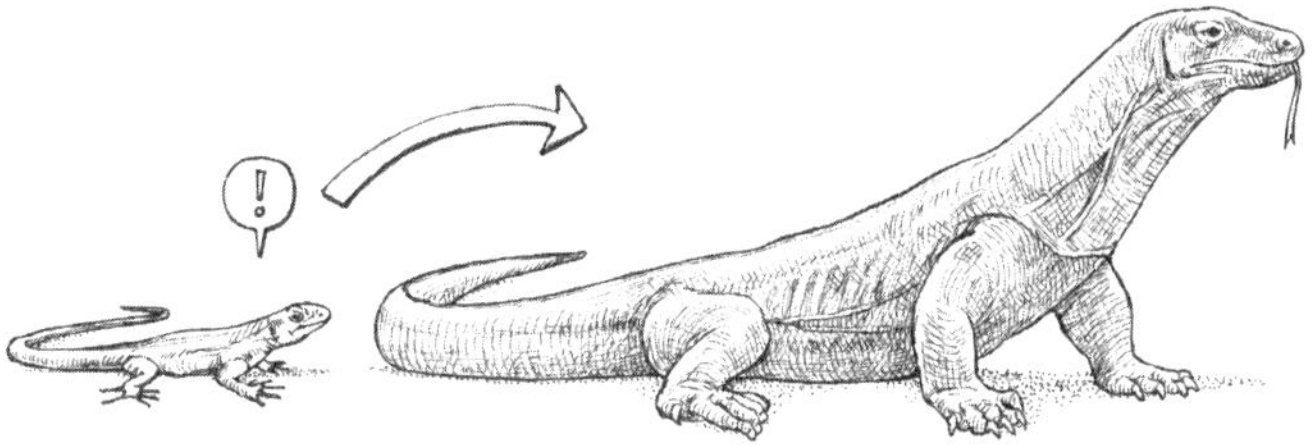

ため「獲物を狩る肉食動物」というニッチを埋めるようにトカゲが進化を遂げ、恐竜を思わせるようなコモドオオトカゲ（コモドドラゴン）に進化をしたのだ。
あるいは果物を食べるネズミやサルのいない小笠原諸島では、果物をエサにするオオコウモリが進化を遂げた。「果物をエサにするニッチ」に適応したのである。
これこそが島の力である。この常識外れのアイデアを生み出す力が、ガラパゴスにはあるのである。

島では絶滅が進む

島という環境で独自の進化を遂げた生物たち。しかし、残念ながら多くの島の生物たちは、今、絶滅に瀕している。

人間が島を発見し、島にやってくるようになると、大陸からさまざまな生物を連れてくる。家畜や栽培植物のように意図的に生物を持ち込むこともあれば、人間が意図することなく、荷物に紛れて生物が侵入してくることもある。

マダガスカル沖のモーリシャス島に生息していたドードー鳥は、特異的な進化を遂げた鳥である。ドードー鳥はハトと同じハト目の鳥である。しかし、天敵のいない島という環境で進化したドードー鳥は、飛べない鳥として進化を遂げていった。

天敵のいない島で進化した鳥は、空を飛べないどころか、速く走ることもできず、地上をよたよたと歩くだけである。しかも、警戒心がなく逃げることを知らなかった。そして、木の上ではなく、地面の上に巣を作っていた。

ずいぶんとのんびりとしている。よほど平和な暮らしをしていたのだろう。

しかし、この平和な島にやがて人間がやってくる。

簡単に捕まえることのできるドードー鳥は、人間たちにとっては都合の良い獲物だった。人間は好きなようにドードー鳥を捕まえていたのである。しかも人間はイヌやブタを島に引き連れてきた。イヌやブタは、私たち人間から見ればけっして恐ろしい危険生物でもなければ、どう猛な猛獣でもない。しかし、島という隔離された環境では、ふつうの生き物が脅威になる。イヌたちはドードー鳥の卵やヒナを補食し、ブタたちは、地上にあるドードー鳥の巣を踏み荒らした。さらには、荷物に紛れて島にやってきたネズミまでもが、ドードー鳥の卵をエサにするようになった。

島の生き物は無防備である。天敵を知らない島の生き物にとっては、イヌやブタ、ネズミなどの当たり前の生き物が脅威となるのである。

まるでグローバル化の波の中で、外国からやってくる資本や企業に為す術もなく翻弄されているどこかの島国のようだ。

ドードー鳥の例に見るように、人間が島にやってきて、大陸の生き物が島にやってくると、島の生き物たちは、追いやられ、絶滅の道をたどっていったのである。

島の生き物の弱点

隔離された環境で独特の進化を遂げた島の生き物たち。

そんな島の生き物が、絶滅に追い込まれる理由は三つある。

一つ目は固有種が多いということである。

これまで紹介した創始者効果やボトルネック効果によって、限られた集団が元になって、進化が進んでいく。つまり島では限られた集団の中で進化が起こっているのである。さまざまなタイプの中から選りすぐりが生き残っている大陸に比べると多様性に乏しいのである。

二つ目は資源が限られていることである。

生物の競争は、エサや生活空間をめぐる戦いだ。島は面積も限られており、エサも限られている。大陸から生物がやってくると、戦いを避けることができない。せまい島の中で、どこに行っても外来の生物と鉢合わせになってしまう。つまりは、逃げ場がなく、逃げようとしても戦いの土俵の上に立たされてしまうのだ。

三つ目は、島では競争が緩やかであるということである。そのため、島で進化を遂げた生物は競争に弱い。そして、激しい競争を勝ち抜いてきた大陸の生物に負けてしまうのである。

島の生き物の何が悪い

島で独自の進化を遂げた生物たち。しかし、大陸で激しい競争を勝ち抜いてきた生物がやってくると、島の生物たちは次々と絶滅に追い込まれている。

まるで、日本という島国の企業の今日の姿を見るかのようである。

しかし、本当に島の生物はダメなのだろうか。島での進化に意味はないのだろうか。

かつて「大きいことはいいことだ」と言われた時代があった。大きい者が強い者である時代があった。

激しく競い合い、激しく戦い合い、誰もが強者を目指し、巨大化していった時代があった。そこには強者の戦略があり、強者の手の届かないところで弱者の戦略が発達した。

しかし、今はどうだろう。

今やイノベーションの時代である。豊かな発想力と独創的なアイデアが求められる時代である。

有名なマイケル・ポーターの競争戦略でも、競争戦略とは相手を打ち負かすことであるとはしていない。競争戦略とは、「ライバルとは違う活動をすること」、あるいは、「同じような活動を違ったやり方で行うこと」であるとしている。

現代の競争において求められているのは、ユニークさでもあるのだ。

「独自の進化」の何が悪いのだ。

天敵も少なく、競合相手も少ない中で、生物は自由な発想で進化を遂げた。競争のために進化をする必要もない。無理をして大きくなることもない。スキマを狙って小さくなることもない。

本来の姿を取り戻せる場所、それが島なのだ。

島で進化した生物たちの、何と魅力的なことだろう。

ガラパゴスはダメなのか？

整理をしてみよう。
島の生物の進化には、強みと弱みが二つずつある。

島の進化の強み
❶大陸の常識では考えられないオリジナリティあふれる進化
❷競争相手ではなく、環境を相手にした正しい進化

島の進化の弱み
❶競争が緩やかな環境なので競争に弱い
❷島という限られた世界の中で、小さなこと（つまらないこと）で競争してしまう

いかがだろうか。
もちろん、これは生物の話である。しかし、どこかの島国の企業の話のようにも思

えないだろうか。

そんな島の生物たちが滅びに瀕している。大陸からやってきた外来の生物たちとの競争に敗れ、島の生き物たちは追いやられているのだ。人々は島の生物を絶滅から救おうと必死だ。

人々は言う。


だからガラパゴスはダメなのだ。


残念ながら、生き物たちにとっては、その指摘は正しい。

島の生き物たちは、強みを活かすことができず、大陸からやってきた外来の生物と、まともに競争をしてしまうのだ。これでは、勝てるはずがない。

しかし、島の生物にも言い分はある。

生物の進化というものは、何百万年とか、何千万年といった長い時間の中で行われる競争だ。ところが、人間は一年や、場合によってはそれよりも短い期間で、環境を激変させる。生物たちにとっては、競争の土俵や、競争のルールがみるみる変わっていくのだ。

もし彼らに時間さえあれば、彼らは強みを発揮し、自らのニッチを獲得することができるだろう。しかし、残念ながら、人間たちが作り出す環境の変化は、彼らには早急すぎる。「島の生物の進化」は、この変化のスピードの前にはまったくの無力である。

そして、島の生物の強みを発揮することができないまま、滅びの道をたどっているのである。

島国の企業はどうなのか

グローバル経済の中で日本の企業が苦戦を強いられているという。島国の企業も島の生物と同じ運命をたどるしかないのだろうか。

もし、自然の摂理に身を任せるだけなのであれば、あるいは、変化のスピードについていけないと音を上げることしかできないのであれば、その答えはイエスである。島の企業の末路は、私たちが目にする島の生き物たちと同じものになるだろう。

しかし、私たちは人間である。スピード感ある変化を自ら引き起こし、その中で生き抜いている生物である。

ましてや自然界の生物のように、エサや空間のみを奪い合って生きるか死ぬかの戦いをしているわけではない。まともに競争しなければならないということはない。

思い出してほしい。

第1章で紹介したように、生物の競争も、本来はオリジナリティーのあるオンリー1のポジションをめぐる戦いである。それが生物のニッチ戦略である。

企業の競争も、もしそれと同じであるとするならば、私たちは、むしろ、島の生物のユニークさに学ぶことの方が大きいのではないだろうか。

大陸では、競争に勝った勝者は、広大な土地に分布を広げていく。言わば規模の競争だ。求められるのは、大量生産や規模拡大だ。

一方、島の生き物は、島という限られた空間の中で独自の進化を遂げていく。でかければ良いというものではない。島の生物は「深化」をしてきたのだ。


島の生物には、島の生物の戦い方がある。

大陸のルールで大陸の生物たちと競争をしてはならない。


島の生き物たちが、競争の末に敗れているからといって、私たちがそのまま負けて滅んでいくわけではないのだ。

四つの「SHINKA」論

ＦＭＩＣ未来はじめ研究所は、「深化」「進化」「伸化」「新化」という四つのＳＨＩＮＫＡを提案している。

基本になるのが、「深化」である。これはコア・コンピタンスを深くしていくことを意味している。つまり、基点となる強みを、さらに強化していくのである。

この強みを垂直に進めるのが「進化」である。バリューチェーンという視点で、ビジネスを拡張していく。これが「進化」である。

一方、水平方向に拡大していくのが「伸化」である。市場を作り出し、市場を拡大していく、これが伸化である。

しかし、垂直方向に拡張する「進化」や、水平方向に拡大する「伸化」では足りない。

ビジネスでは斜めに飛ぶ飛躍的なイノベーションが必要と言われているのである。これが「新化」である。

このような飛躍的なイノベーションは、どのようにして生み出せば良いのだろうか。

進化 バリューチェーン進化	新化 斜め飛び（飛躍）
深化 コア・コンピタンス深耕	伸化 市場育成戦略

じつは、ガラパゴスの進化こそが、「新化」ではないだろうか。

たとえば、草を食むウシという動物がいる。ウシが体を大きくして、外敵やライバルの草食動物に対して競争力を強化していく。これは四つのＳＨＩＮＫＡのうち「進化」になるだろう。群れを大きくして、分布を広げていくという成功もある。これは「伸化」である。

それでは、どうすれば新化にたどりつくことができるだろうか。

「草を食むウシ」というカテゴリーで考えている限り、新化は生まれないことだろう。

それでは、ガラパゴスはどうだろう。ガラパゴスでは草を食む動物はカメである。

「草を食むのはウシである」

そんな固定観点にとらわれていると新化は難しい。しかし、島という環境では当たり前のような新化が生まれている。

ガラパゴスで深い森を形成しているのは、何だろう。それは、ヒマワリの仲間のキク科のスカレシアである。

ガラパゴスではペンギンは寒い土地の鳥ではなく、熱帯の鳥である。

ガラパゴスのカニは、カニ歩きはせずに、前へ進む。

島の進化の何と自由なことだろう。

ガラパゴスの生物たちは、常識にとらわれない。まさに斜め飛びである。

しかし考えてみれば、島ではどれも当たり前の常識である。ただ、世界の当たり前が、島の当たり前ではないというだけなのだ。島の当たり前が、世界にとっては新化かもしれないのである。

ガラパゴスの発想力

ニッチの空白がある「島」という環境では、大陸の常識では思いも寄らない進化が起こる。そこでは、まさに既成概念にとらわれない自由な発想の生物が進化をしてい

転用 Put to other uses	他に使い道はないか
応用 Adapt	他からアイデアが借りられないか
変更 Modify	変えてみたらどうか
拡大 Magnifty	大きくしてみたらどうか
縮小 Minify	小さくしてみたらどうか
代用 Substitute	他のものでは代用できないか
置換 Rearrange	入れ替えてみたらどうか
逆転 Reverse	逆にしてみたらどうか
結合 Combine	組み合わせてみたらどうか

るのだ。

アイデアを出すときの方法にオズボーンのチェックリストというものがある。

これは、九つの項目に当てはめて、新たなアイデアを作り出そうというものだ。そのチェックリストは上のとおりである。

島の生物の進化を見てみよう。

「転用」「応用」「変更」は、島の生物ではよく見られる進化である。何しろ、島の外では当たり前のものが、島にはない。食べるべきエサがなく、すむのに適した環境がないのだ。

その代わり、島の外にはないようなニッチが空白になっているのだ。

コウモリは、一般にガなどの昆虫をエサ

にしている。しかし、小笠原諸島にすむオガサワラオオコウモリはフルーツをエサにしている。常夏の小笠原諸島では、森にたくさんのフルーツがある。しかも、フルーツを奪い合うようなサルの仲間は島にはいない。そのため、島に豊富にあるフルーツをエサにしているのだ。

誰も食べないフルーツをエサとして転用したとも見ることができるし、サルの生活を応用したと見ることもできるし、エサを変更したと見ることもできる。

イグアナは陸に暮らすトカゲの仲間である。そもそも、イグアナは変わっている。トカゲの仲間は昆虫などの小動物をエサにするのが一般的だが、イグアナは草食なのである。草食のトカゲという独特のポジションを獲得しているのだ。その中でも植物の少ないガラパゴス諸島に暮らすイグアナは、サボテンをエサにしている。それだけではない。さらには、海に潜って海藻をエサにするウミイグアナという種類へも進化を遂げているのだ。海の中を自在に泳ぐことのできるトカゲは、ウミイグアナだけである。海に潜って海藻を食べるイグアナとは、何という斬新なアイデアなのだろう。

植物でも例はある。

タンポポに代表されるように、キク科の植物は綿毛で種子を飛ばすものが多い。そして、風に乗った種子が遠い島まで運ばれていくのだ。

ウミイグアナ

できたばかりの空き地にも、最初に生えるのはキク科の雑草である。しかし、そのうち競争に強い植物が次々に侵入してくる。そして、キク科の植物は新たな土地を求めて、また種子を飛ばすのだ。

ところが、島では他の植物がなかなか侵入してこない。島の外では、背の高い植物が生えてきて藪《やぶ》になり、やがては森になっていく。ところが、島では木が生えてこないのだ。そこで、キク科の植物が木へと進化していく。

キク科の植物には、タンポポやコスモス、マーガレットなどがあるが、どれも草本性の植物だ。ところが島では草が巨大な木となるのである。

ガラパゴス諸島に見られるスカレシアや、

小笠原諸島のワダンノキ、カナリヤ諸島のアルギランテマムなどは、いずれも島で進化したキク科の木である。

木になるべき植物に代わって、キク科の植物自身が「木」へと変化したのである。

斜め飛びの進化

「拡大」はどうだろう。小さな生物が島では大きくなるのは、島の法則（046ページ）で説明したとおりだ。ネズミの仲間で最大の大きさのカピバラは、体長一メートルを超える巨大なネズミだ。カピバラは島の生物ではないが、カピバラの祖先が南米大陸に進出したとき、そこはまだ天敵が移り住んでいない島のような環境だった。島に似た環境で巨大なネズミが誕生したのである。

沖縄県に見られるヤンバルテナガコガネは体長六センチを超える日本で最大の甲虫だ。また、沖縄県に見られるオオシマドボタルは大きいものでは体長が三センチを超えるような日本最大のホタルであり、長崎県の対馬に生息するアキマドボタルも体が大きい。

「縮小」も島の法則で見たとおりだ。053ページで紹介したように、かつて島には、小さなブラキオサウルスさえいた。

「代用」はどうだろう。長崎県対馬に生息するツシマヤマネコは、田んぼに生息し、カエルをエサにするヤマネコである。ヤマネコは森や草原でネズミなどの小動物を食べて生きている。しかし、エサを替えることで田んぼのネコが生まれたのである。

「置換」は、まさに生物のニッチ戦略である。ニッチが空いていれば、そこに置き換わる。ウシのニッチが空いていればカメがウシに置き換わる。オオカミやトラなどのニッチが空いていれば、トカゲがそこに置き換わる。生物は、常に入れ替わったり、置き換わったりすることを狙い続けているのである。

「逆転」はどうだろう。コウモリは夜に活動をする。それでは、昼夜を逆転してみたらどうだろう。オガサワラオオコウモリのうち、南硫黄島にすむものは、昼間に活動をするという。オガサワラオオコウモリは飛んでいるガなどをエサにするわけではなく、フルーツをエサにしている。別に夜、活動しなければならないということはないのだ。

「結合」はどうだろう。奄美大島に生息するアマミノクロウサギは原始的なウサギの姿を今にとどめる生きた化石と言われている。この珍しい生き物はハブのおかげで生き残っていると言われている。すべての生物にとって毒蛇のハブは恐ろしい生き物で

アマミノクロウサギ

ある。もちろん、アマミノクロウサギもハブの獲物である。しかし、ハブがいることで、他の肉食動物は森に近づかない。ハブとの組み合わせが、アマミノクロウサギという極めて特殊な生物の存在を可能にしているのである。

「生物とはこうあるべき」である。そんな「べき」を島の生物は、簡単に斜めに飛び越えてしまっているのだ。

小人の島のガリバー

英国の作家スウィフトの風刺小説『ガリバー旅行記』で、ガリバーは小人の国を訪れる。

この小人の国は、じつは南インド洋にあ

る島国である。この小人の国で、ガリバーは巨人扱いされる。

島の外の人からすれば、小人の国はずいぶんと変わった島である。しかし、島の人間からすれば、何も変わったことはない。誰もが小人であることが当たり前なのだ。

ガリバー旅行記では、今度はガリバーは巨人の住む島に行く。

島の人間から見れば、ガリバーは小人だ。島の人間は、自分たちが巨人だとは思っていない。島の外から見れば変わった島であっても、島の常識では、それが当たり前の人間なのだ。

ガラパゴスは独自の進化を遂げている。しかし、島の外から見ればずいぶんと斬新に思えることも、島では当たり前である。

ガラパゴス諸島では、カメが草を食むのが当たり前であり、ニュージーランドでは鳥は飛ばないというのが当たり前である。

島の外の人々が「新化」を求めてどんなに考えあぐねても思いつかないようなアイデアが島にはあふれているのだ。

「ガラパゴス」は「独自の進化」である。

この独自の進化が、「新化」が求められるビジネスの場面では、強みとなるのではないだろうか。

それでは、何が価値あるガラパゴス化なのだろうか。

それを知るためには、世界を知らなければならない。世界を見なければならない。

島の中に住む人間には、当たり前すぎてガラパゴスの価値がわからないからだ。

グローバル化とは、大陸の土俵に乗ることではない。ガラパゴスの価値を知ることなのである。

ガリバーを恐れるな

スマートフォンが日本に紹介されたとき、ガラケーを使い慣れていた私たちは、そのイノベーションに驚かされた。

しかし、どうだろう。

海の向こうからやってきたスマートフォンは黒船にたとえられたが、黒船も海の向こうの国にとっては当たり前の船でしかない。

島の人たちにとっていかにガリバーが巨人に見えようと、いかに奇妙な小人に見えても、島の外では、ガリバーはガリバーでしかないのだ。

むしろ、島の外から見れば、島の人たちの方が驚愕の存在なのだ。

iフォーンを開発したスティーブ・ジョブズは、まるでパソコンのように進化を遂げる日本の携帯電話のイノベーションに驚愕した。そして、日本のiモードをヒントにパソコンに革命的な進化をもたらしたのである。

日本のガラケーは、海の向こうからやってきたスマートフォンに敗れ去った。

しかし、海の向こうのスティーブ・ジョブズは、この島国を眼光鋭く見つめていた。

一方、この島の人々は海の向こうをしっかりと見ていなかった。

もしかすると、大きな差を生み出した要因は、たったそれだけのことだったかもしれないのだ。

第4章
ガラパゴス力を磨く

ガラパゴスにすむアオアシカツオドリは、
一〇〇キロを超えるスピードで
まるでミサイルのように
海中に飛び込み魚を捕らえます。
高い飛翔能力を持つこの鳥に
名付けられたあだ名は何でしょう?

アオアシカツオドリ

（正解は章末）

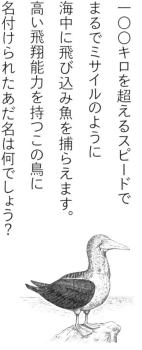

強者の戦略と弱者の戦略

ビジネスの戦略には、強者の戦略と弱者の戦略があると言われている。

強者の戦略は拡大戦略である。とにかく強いのだから、構わず戦っていけばいい。戦えば勝てるのだ。

一方、弱者の戦略は「選択と集中」である。

とにかくまともに戦っては勝ち目がない。数や量の勝負では勝てないから、勝てる場所を選んで、そこにすべてを集中する。

じつは、生物の世界にも強者の戦略と弱者の戦略がある。

しかし意外なことに、生物の多くは弱者の戦略を基本としている。それが、第1章で紹介したニッチである。すべての生き物がナンバー1になるオンリー1の場所を確保する。大きいニッチを守ることは簡単ではない。そのため、すべての生物が絶対に負けないニッチをしぼり込むのだ。つまり「選択と集中」である。世界を舞台に圧倒するグローバルな大企業は、強者の戦略であり、島国の中小企業は弱者の戦略であると思うかもしれない。

ところが、そうではない。ビジネスの世界は強者の戦略と弱者の戦略があると言われるが、よくよく見れば、成功しているグローバル企業は、生物でいう弱者の戦略をとっている。

たとえばアップル社は、一九九七年にスティーブ・ジョブズが復帰をすると、商品の見直しをする。そして、経営資源のほとんどを「iMac」に集中させるのである。その後、iポッド、iフォーンと商品をしぼり込み、ブランド化を図っていく。

スマートフォンもそうだ。日本のメーカーは日本という限られた市場の中で、大量な機種を用意している。しかし、アップル社はたった二機種の製品を世界中で売っているのだ。

アメリカという国もそうだ。

かつてアメリカという大陸の国の製造業は、日本という小さな島国の追い上げに苦しんでいた。そのときアメリカは工業国というニッチから新たなニッチへと大転換を遂げた。そして、ITや金融という新たな分野を飛躍的に発達させたのである。まさに生物でいうニッチシフトである。

そして、金融危機を経験し、IT市場が成熟を見せている今、アメリカは新エネルギーや環境産業という新たなニッチに進出しようとしているように見える。

外来種は強いのか？

日本で問題になっている外来種に、アメリカ原産のアリゲーターガーがいる。アリゲーターガーは二メートルを超えるほどまで成長する巨大な魚である。この巨大な魚を襲うような天敵は日本にはいない。そして旺盛な食欲で日本の在来魚を根こそぎ食いあさる。そして、日本の生態系を破壊すると恐れられているのだ。

ところが、である。

意外なことにアリゲーターガーは、原産地のアメリカでは絶滅が心配されるほどに数を減らしている。

アリゲーターガーにとって天敵もライバルもいない新天地の日本は、まさにブルー・オーシャンである。そのため、我が物顔で猛威を振るっている。しかし、アリゲーターガーは、環境の変化に弱い。そのため、ダムや堰堤《えんてい》などの建設による河川環境の変化に対応できないのである。

じつは、生物の世界で「強者の戦略」が成立するには、ある条件が必要となる。

それは、環境が極めて安定していて、「強い者が勝つ」という公平な戦いの場が約束

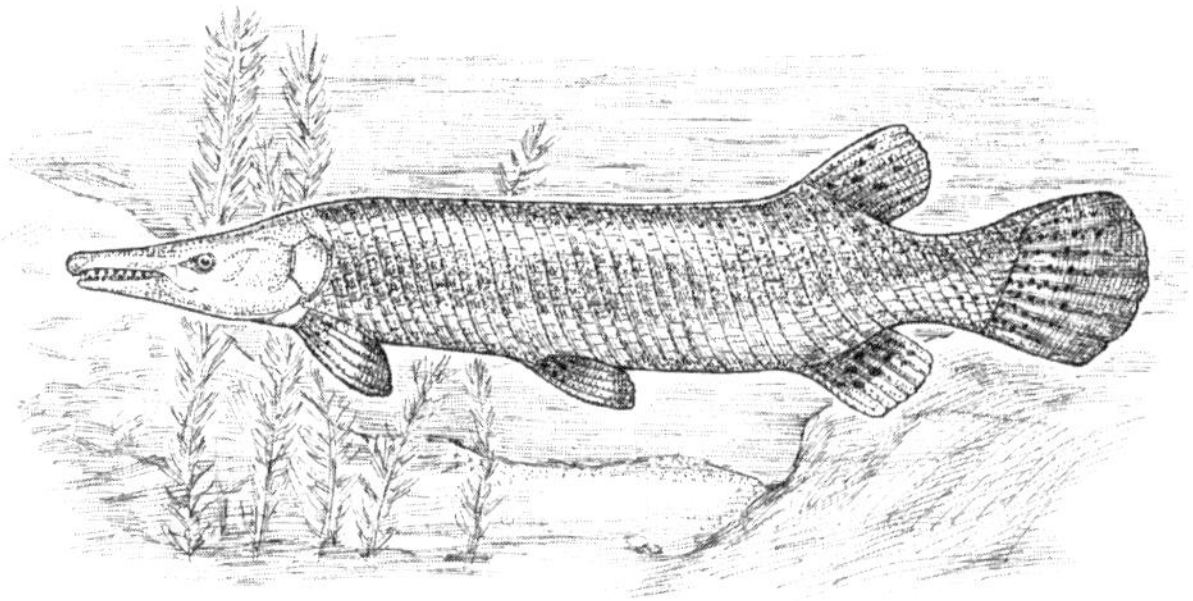

アリゲーターガー

されているということなのだ。もし環境が変化すると、番狂わせが起きる可能性が生じてしまう。つまり、「強い者が勝つ」という前提も崩れてしまうのだ。

今や時代は「変化の時代」である。

変化の時代には、強者の戦略が有利であるとは限らない。

ＧＡＦＡと呼ばれるグローバルに急成長しているアメリカの企業がある。アメリカ大手資本のグーグル、アマゾン、フェイスブック、アップルは、その頭文字を取ってＧＡＦＡと呼ばれるのだ。ＧＡＦＡの戦略はどうだろう。

常に挑戦をし続け、イノベーションを生み出し、そして強みに資源を集中する。

これは、まさに弱者の戦略である。

たとえ大陸のグローバルな大企業であっても、変化の時代を乗り越えるのは、弱者の戦略なのである。第1章で紹介したニッチ戦略に見るように、生物の世界を勝ち抜くために必要なことは、ナンバー1であることではなくオンリー1であり続けることであった。

そうであるとすれば、ガラパゴスで手に入れたものはけっして捨てたものではない。いや、ガラパゴスであることこそが強みなのだ。

それでは、日本のガラパゴス力とは何なのだろう。筆者はこれまで、多くの企業経営者の方々と対談を重ねたり、勉強会を開催してきた。その結果、日本のガラパゴス力は次の四つの力であるという結論に至った。ここではその四つの力を紹介したい。

日本のガラパゴス力①――アナログ力

マンモスの武器は長いキバである。キバの長いマンモスの方が戦いに有利である。こうして、マンモスは進化の過程でキバを長くしていった。そして、ついには、そのキバは弧を描き、キバの先が自分の方を向くまでに伸びすぎてしまったのである。必要以上に長いキバは無駄な進化だったと言わざるを得ない。

マンモス

しかし、私たちはマンモスを笑うことができるだろうか。

日本の企業は、技術力で勝負するという。確かに日本の技術力は海外の国よりも高いのかもしれない。しかし、高い技術力は、むしろ弱みになることもあった。

技術力では上回るガラケーが、シンプルな技術の組み合わせに過ぎないはずのスマートフォンの前に敗れ去った。

日本の発明品であったソニーのウォークマンは、カセットレコーダーから録音機能を取り除き、「誰もが歩きながら自分だけの好きな音楽を聴く」というライフスタイルの革命を起こした。ウォークマンは日本の高い技術力がもたらした革命的な商品である。そして、その技術力ゆえに、ウォークマンはより高性能なものへとハイスペックな進化を遂げていったのである。しかし、高い技術を誇るウォークマンの進化は、消費者には使いにくいものへの進化でもあった。そして、既存の技術の組み合わせに過ぎないｉポッドに、使いやすさの点で人気を奪われていくのである。

技術力を誇るこの島国の中では、各メーカーが、高度な性能や多機能を競い合っていった。しかし、時にそれは人々が求めるものとはかけ離れた場所での競争となり、長すぎるマンモスのキバとなってしまったのである。

「技術力」が日本の強みであったとしても、ただやみくもに技術力を競い合えば良いというものでもないのだ。しかも、時代はデジタル技術の時代である。簡単な技術の組み合わせや、単純な部品の組み合わせで、技術のない国でも、製品はできあがる。

生物たちの戦略を思い出してほしい。生物にとって必要なことは競争に勝ちナンバー1となることよりも、競争のないオンリー1となることなのだ。

それでは、強みとなる技術とは何だろう。それは企業によって異なることだろう。

しかし、誰にでもできるデジタル技術よりも、誰にもできないアナログ技術にその強みはあるのかもしれない。

冷蔵庫・洗濯機・炊飯器・掃除機・エアコンなどの白物家電と呼ばれる電化製品は、

高度経済成長期には、世界シェアも高く、日本の産業成長の牽引車となってきた。ただ、その後は新興国の企業との価格競争で劣勢に立ち、一時は、衰退の道を歩んできた。

しかし今、日本の白物家電のメーカーは、価格競争のみの競争から脱却し、機能を差別化した新たなフィールドでの競争に転化させることで息を吹き返し、再び、国際競争力を取り戻しつつある。

この転換こそが、まさにガラパゴス的進化であり、そのキーとなったものが「匠の技」と「デジタル」の融合である。

たとえば、高級炊飯器は、伝統的なかまど釜の素材に高い発熱性、蓄熱性、断熱性に優れたものを使用している。その蒸らし機能には、ご飯炊き名人の技術や経験値を取り入れている。そして、デジタル技術を活用し、加圧追い炊き機能や最適な炊き上げ温度を実現している。こうしたアナログ技術とデジタル技術との融合により、誰でもどこでもできるというデジタル技術の競争を飛び越えて、高みを極めているのである。

また、一般にオフィス用のコピー機と言われる複写デジタル複合機は、日本の企業が世界の八割のシェアを占めている。その要因こそが、日本の得意とする「匠の技」

である。

コピー機の進化の過程の中で、紙詰まりを防ぐ紙送りの技術や、コピー汚れを防ぐ速乾性のインクなど、日本の企業はきめの細かいさまざまな技術開発を行ってきた。この匠の技が、コピー機というデジタル製品の中で、日本の優位性を確保しているのである。

デジタル製品でさえも、いや、デジタル製品であるからこそ、日本のガラパゴスの中で培われた「匠の技」が強みを発揮しているのである。

日本のガラパゴス力②――人と人のつながり

日本のガラパゴス力は、「匠の技」にある。そうであるとすれば、「匠の技」を強みにする上で大切なことは何だろう。

「匠の技」は「人間の技」でもある。匠の技を強みにしている企業は、人間を大切にした経営をしている。

「日プラ株式会社」は香川県木田郡三木町という小さな町の郊外に本社を構える地方企業である。日プラは、水族館用の大型アクリルパネルの世界シェア七割を占めている。

もともと、アクリルパネル製造の大手企業の下請けをしていたが、オイルショック時代に、石油製品が高騰し、需要が減る一方、下請け会社には価格を上げることが許されない。そんな中で、下請けを脱却し、水族館のアクリルパネルに活路を見出したのである。世界が認めるアクリルパネルは、継ぎ目の見えない透明度の極めて高い接合技術が特徴である。そして、これこそが、「匠の技」なのである。

そして、「匠の技」を強みにする同社は、「人を大切にする経営」を謳っている。「匠の技」を大切にするということは、従業員を大切にするということなのである。

かつて、日本企業は従業員を大切にする経営を行っていた。

企業は、従業員を家族のような存在として扱い、従業員は家族のように力を合わせた。会社のために働く人よりも株主を大切にしたり、会社の利益を上げるために簡単にリストラをするようなことはなかったのである。

当時、小さな町工場であった松下電気器具製作所を率いていた松下幸之助は、世界恐慌で倒産の危機に陥った際に、「大切な社員を一人も解雇してはいけないし、一銭も給料を下げてはいけない」と決めたのである。その代わり、重役も技術者も総務も、社員全員が一丸となって倉庫にある製品を売ったのである。

しかし、そんな日本型経営もガラパゴスである。

バブル崩壊後は、アメリカ型経営が礼賛され、多くの企業で整理解雇が続けられていった。

確かにアメリカ型経営には、それなりのメリットもあることだろう。しかし、それまでの日本経済を支えてきたガラパゴスの強みをあまりにも簡単に捨て去り、大陸のルールで競争に挑んでいったのである。

その結果、「匠の技」を持つ技術者たちの中には、求められて海外に活躍の場を移した人たちも少なからずいた。そうであるとすれば、ガラパゴスが失ったものは小さくない。

日本のガラパゴス力③——老舗力

一七九九年、オーストラリアから奇妙な生物の毛皮が英国に送られてきた。

その毛皮は、一見するとカワウソのような姿をしているが、顔には、カモのくちばしがついている。英国の研究者たちは、それを剝製師が作り上げた偽物だと考えた。

それがオーストラリアで発見されたカモノハシである。

カモノハシ

研究者たちが偽物だと考えたのも無理はない。

カモノハシは、西オーストラリアに分布する哺乳類でカワウソのような体で水中を泳ぎ回る。しかし、その口はまるで水鳥のようなくちばしになっているのである。

当時の研究者たちはそんな生き物は見たこともないし、この世にそんな奇妙な生き物がいるとは想像もできない。人々の想像力をはるかに超えた、何とも奇妙な生物だったのだ。

じつは、カモノハシは古い時代の哺乳類の特徴を残す「生きた化石」である。

島という環境は、競争が少ないため、古い時代の生き物がそのまま変化することなく生き延びることがある。

カモノハシはオーストラリアやタスマニア島という、他の大陸から隔離された島の環境に分布している。オーストラリアやタスマニア島は、水の中を生息地にする哺乳類が少ないため、カモノハシのような古いタイプが生き残ることができたのだ。

島の環境では、「生きた化石」と呼ばれる古い時代の生物の特徴を残す生物が見られることがある。

もっとも、古いタイプが悪いということではない。

変化することなく生き延びることができるのであれば、変化しなくてもいい。それだけのことだ。

古い時代のまま進歩がないと言われれば、その通りかもしれないが、哺乳類が進化を遂げた現代に、カモノハシを見れば、鳥の特徴を持つカモノハシの姿はむしろ新鮮で、斬新である。

さらに、カモノハシは、他の哺乳類にはないあまりに個性的な特徴がある。

それは、「卵を産む」のである。

魚類や鳥類は卵を産む卵生であるのに対して、哺乳類は子どもを産む胎生であると理科の教科書で習った。それにもかかわらず、あろうことかカモノハシは子どもを産むのではなく、鳥のように卵を産むのだ。

何ということだろう。

現在、知られている哺乳類で卵を産むのは、カモノハシの他にハリモグラがいる。ハリモグラも、オーストラリアやタスマニア島、ニューギニア島など島にすむ生物だ。何という自由奔放な進化だろう。何という斬新な進化だろう。

「哺乳類は胎生である」という常識さえ、まったく気にしていないのだ。

別に哺乳類だから、胎生でなければいけないわけではない。教科書に書いてあるから、それに従わなければならないという道理もない。「哺乳類は胎生である」というルールは、人間が勝手に決めたものである。それに従わないものがあったとすれば、それはルールの方が間違っているのだ。

それにしても、「卵を産む哺乳類」は、どのようにして誕生したのだろう。

古臭いと言われたものが、周回遅れで新しく見えることがある。

カモノハシも同じである。

哺乳類は、恐竜が滅んだ後に進化したイメージがあるが、実際には、両生類から哺乳類の祖先が進化したと考えられている。やがて、哺乳類の祖先は、子どもを産むという胎生の能力を発達させていく。このときに枝分かれして、卵を産む哺乳類として別の道を歩んでいったのが、カモノハシやハリモグラの祖先なのである。

理科の教科書によれば、「卵を産む卵生」は、「子どもを産む胎生」に比べて、古い時代の遅れたシステムである。しかし、現在でも魚や鳥は卵を産む卵生である。胎生が新しいシステムであることは間違いないが、卵生が現代に合わないということではない。「卵生」というシステムも十分に機能しているのだ。

そうだとすれば、胎生の哺乳類ばかりが優れているわけではない。

現在、世界では約五〇〇〇種類の哺乳類が知られているが、卵を産む哺乳類はカモノハシとハリモグラだけである。

卵を産む哺乳類も、今や独特の存在感を放っているのである。

昔からスタイルを大きく変えることなく生き長らえてきた生物は「生きた化石」と呼ばれる。一方、昔から変わることなく続いてきた企業は「老舗」と呼ばれる。

日本は老舗の多い国である。

一〇〇年以上続く企業は、日本では三万社を超える。これは日本の全企業二五〇万社の一パーセントを超える割合である。さらに、二〇〇年以上続く老舗の数は、日本では三千社を超える。これは世界の二〇〇年以上続く老舗の半数を占める。

日本に続いて老舗数の多いドイツでおよそ八〇〇社、それに次ぐオランダとフランスではおよそ二〇〇社だから、日本の老舗の多さは飛び抜けている。

アメリカの企業は「今」が大切である。そのため、短期の利益を追求し短期での企業評価を行う。人々も移動をする。とにかく「今」が大切なのだ。

驚くことに長い歴史を有する中国の企業も「今が良ければ良い」と考える傾向にあるらしい。中国は歴史が長いとはいえ、その歴史の中では国が入れ替わり、常に大きな変化が繰り返された。そのため、将来のことを考える余裕がなかったのかもしれない。

このように大陸の企業は、今をいかに成功させるかに注力する。

しかし、日本は違う。

日本の老舗は、先祖代々の店を、次の世代に引き継ぐことが求められる。

つまり未来が大切なのである。老舗に代表される事業をつないでいくという考え方も、もしかすると、ガラパゴス的な考え方なのかもしれない。

コンドルとネズミはどちらが強いだろうか。

トラとウサギはどちらが強いだろうか。

今、絶滅が心配されているのは、コンドルやトラの方である。強い者が生き残るのではなく、生き残った者が強いのだとすれば、強いのはネズミやウサギの方だ。

かつて地上最強の生物であった恐竜は滅び、生き残ったのは小さなネズミのような哺乳類である。それどころか、カエルのような両生類や、トカゲのような爬虫類も生き残っている。恐竜は、隕石の衝突と、それに伴う気候の変化によって絶滅したと言われているが、小さなカエルやトカゲはちゃんと生き延びているのだ。

巨大で力の強い者が、強いわけではない。

見た目はけっして強そうに見えないかもしれないが、日本の老舗はしぶとい。

時代は移り変わり、次々に新しい店ができる。巨大な大型店や、人気のブランドやチェーン店が広がっていく。そんな中、テナントが次々に交代したり、巨大な店舗が大規模な閉店をする中で、昔からある商店街の小さな店が生き残っていたりする。

細々とでも生き残ることが大切なのである。

生物の世界を思い出してほしい。生物にとってもっとも重要なことは、子孫を残し、命をつないでいくことだ。競争に勝つことや、自分の身を守ることも、すべては、未来に命をつなぐためである。

強い者が勝つのではない。生き残ったものが勝者であるとすれば、巨大な利益を生み出す大型店舗と、次の世代へと続く老舗は、どちらがより成功していると言えるのだろうか。

日本のガラパゴス力④――アレンジ力

その島では、新しいものはすべて海の向こうからやってくる。

たとえば主食となる米も、海の向こうからやってきた。その国の代表的な宗教である仏教も、海の向こうからやってきた。やがて南蛮渡来と呼ばれる珍しいものが次々と海を渡ってもたらされ、黒船がやってくると、海からやってきたものによってその国は近代化を進めた。海の向こうからやってきたものは「舶来品」「輸入品」と呼ばれて珍重される。現在でも海外から初上陸したものに人々は飛びつき、その国で評価されなかった国産のものも、海外で評価されれば、手のひらを返したように尊ぶ。

この島国には、オリジナルなものはないと言われる。もしかすると、本当にそうかもしれない。しかし、この島国には、選び抜かれたものが、海を渡ってやってくる。そして、改良に改良を重ねられ、選りによって選び抜かれた最高のものに、さらにこの国独自のアレンジが加えられるのだ。

たとえば、大陸からやってきたイネは、もともとは熱帯地方に原産地を持つ多年生の植物である。しかし、選抜を繰り返し、各地で選りすぐられたイネが日本にやってきた。今や、日本の米は世界中で人気の良食味である。しかも、寒さに強い品種が選び抜かれ、さらに日本で改良が繰り返された。日本はイネの世界の北限である。そして、今や、北海道や東北などの寒冷地が、米の名産地なのである。

ダイコンも中国から伝えられた野菜である。しかし、日本で改良を加えられ、さまざまな品種が生み出された。世界一大きい桜島大根も、世界一長い守口大根も、世界にはない日本で作られたオリジナルの品種である。

仏教も漢字も中国から伝えられ、日本で洗練されていった。西洋から鉄砲が伝えられると、日本の鍛冶職人は、その技術力でそれをコピーし、日本製の火縄銃を作り上げた。

明治になって、文明開化が起こると、日本はあらゆる西洋のものを取り入れていった。

また、自動車も電化製品も、海外で発明されたものだが、日本で改良に改良を重ねられて進化を遂げていった。優れたものがもたらされ、さらに優れたものに磨かれる。

この島は、そういう島なのである。

それだけではない。この国にはさまざまなものがやってくる。

日本は世界でも生物の種類が多い国である。それには理由がある。

かつて日本が大陸と陸続きだったとき、南側からは、暖かい地方の生き物がやってきた。そして、北側からは寒い地方の生き物がやってきた。そして、暖かい地方の生き物と寒い地方の生き物が競い合い、融合し合い、多様な生物の世界を作り上げてきたのである。

確かに日本にはもともと日本にいた固有種の生物は少ない。

しかし、日本の生物相は、世界でも類を見ないほどの豊かさを持っているのである。

章扉の正解 ガラパゴスにすむアオアシカツオドリは、一〇〇キロを超えるスピードでまるでミサイルのように海中に飛び込み魚を捕らえます。高い飛翔能力を持つこの鳥に名付けられたあだ名は何でしょう?

正解は「のろま」。

魚を獲ることに夢中になり、速く飛ぶことを競い合って進化したアオアシカツオドリ。しかし、天敵のいない島では、木の上に巣を作ることも忘れ、敵から逃れるという大切な能力さえ失ってしまった。そのため、地上ではのろのろと動くことしかできなかったのである。

島で進化したアホウドリも、飛翔能力は高いが、地上ではのろまで、簡単につかまえることができるので、「アホウ」と呼ばれた。

島という進化は特異的な方向に進化が進む一方で、本当に大切な能力を忘れてしまう危険性があるのである。

第5章
ガラパゴス・イノベーション

その動物が、すばしこい昆虫をつかまえるために
身につけた能力は何でしょう？

（正解は章末）

大陸の強者たちの世界

島の生物は、独自の進化を遂げている。しかし、大陸の生物に比べて競争に弱いという弱点を持つ。だから島の生物は、大陸の生物とまともに競争してはいけない。大陸の土俵で戦ってはならない。

これが、島の生物から学ぶことのできる真理である。

大陸は競争が激しい。そんな厳しい競争を勝ち抜いたものが大陸の生態系を作り上げていく。まさに強者たちの世界だ。

これが自然界の世界である。

かつて大陸から離れた島では、生き物たちは独自の進化を行い、独自の生態系を築いていた。しかし、今や大陸と離島は無関係ではいられない。

世界はグローバル化し、物や人が大量に行き来をする。そして、生物たちも人間に意図的に移動をさせられ、ときには人間の知らぬ間に混入して移動を果たす。こうして移動させられた生物は、それぞれの地域で外来の生物と化すのである。

もちろん、その原因となった人間の世界では、もっとすごいことが起こっている。

物流が世界規模で起こるだけではない。ＩＴ革命は、技術の壁も取り払ってしまった。

「大量に安く作る」という大陸のルールの中で、日本の生産力が輝きを放っていたのは、決して生産力がナンバー1だったからではない。「品質管理」というオンリー1のナンバー1があったからである。

しかし、ＩＴ革命によってもたらされたデジタル商品は、高度な技術や品質管理を必要としない。世界のどこに工場があっても、自動化されたロボットによって商品が作り出されていく。こうなると広大な土地と安価な労働力がものをいうようになり、日本の生産力は後塵を拝していくのである。

どこでも誰でもできるビジネスによって、国境の壁は失われ、世界は一つになっていく。

今や、世界中がインターネットでつながり、世界中で商品やサービスが行き交っているのである。

生物の世界では、多くの動植物が世界中から次々に日本に持ち込まれ、そして、外来生物と日本にもともといる在来の生物とは、これまでにない激しい競争を強いられている。

日本の生物にとっても、日本の企業にとっても、大変な時代が訪れたのだ。

今こそ、勝てるところで勝負する

生物にとって、大陸の競争は拡大競争である。大陸には広大な土地がある。資源もある。大きいものが有利となり、ますます大きくなっていく。そして分布域を広げていく。大陸の競争は規模の競争であり、拡大競争である。

島の生物は競争に弱い。そのため、競争を勝ち抜いてきた大陸の生物に勝てないのである。実際には、生物の世界ではあえて戦わないという戦略が存在する。

生物はニッチを獲得しなければ、生き抜くことができない。戦ってニッチを奪われれば、滅んでしまう。

思い出してほしい。そんな中で、生物の生き残りにとって必要な基本戦略は、何だっただろうか。

負けたら滅んでしまうのだから、勝てない戦いはしないということだ。相手の土俵で勝負しないということだ。しかし、逃げてばかりはいられない。勝てるところで勝負することが必要となる。相手の強みが発揮できず、自分の強みは発揮できる。勝負するのは、唯一、そんな場所だけだ。

世の中にたくさんの生き物がいるということは、たくさんのニッチがあるということである。そして、たくさんの戦略があるということなのである。どんな戦略を取ってもいい。それが勝てる戦略であれば良いのだ。

残念ながら、現在の島の生物たちは、この基本戦略を十分に発揮することができていないし、戦略の変更をすることも十分にできていない。

その元凶は、「人間」だ。

人間が島を発見すると、たくさんの生物が島の外から持ち込まれてしまう。そして、島の外との競争に敗れて、島の生き物たちの多くは絶滅に瀕しているのである。

長い進化の歴史の中で、生物は「自らの強みを発揮したニッチ戦略」と「戦わない戦略」を発達させていく。環境が変化すれば、その変化に応じてニッチ戦略を変化させていくし、競合相手が現れれば、お互いにニッチを探り合いながら、折り合いをつけて戦わない戦略を再構築する。

しかし、人間がもたらす環境の変化は、生物にとっては、あまりに急激すぎる。そのため、島の生物たちは変化に対応できずにいるのだ。

もし、戦略を選べるとするのであれば、島の生物は大陸の生物の土俵で、大陸の生物と真正面から戦ってはいけない。そして、早急に「強みを発揮したニッチ戦略」を組み立てなければならないのだ。

それが島の生物の置かれている現状である。

もし、日本という島の企業に同じことが起こっているとすれば、やるべきことは見えている。

もし、その変化が早すぎて対応できないと嘆くことしかできないのであれば、滅びゆく島の生物たちと同じ末路をたどることになるだろう。

ガラパゴス力とは何か？

生き物にとってニッチ戦略とは単なるオンリー1戦略ではない。生き物はナンバー1でなければニッチを獲得することができない。生物が存在するためには、ナンバー1になれるオンリー1の場所を見出さなければならないのだ。それが生物のニッチ戦略である。

ニッチを見出すために、生物はさまざまなアイデアで、ナンバー1になれる場所を見出す。

何しろ、他の生物とニッチがかぶってしまえば、そこでは負けたら滅びるという激しい競争が起こる。そのため、他の生物とニッチをずらしながら、オリジナリティのあるニッチを見出さなければならないのである。

もしかすると、企業も同じような戦略を求められているのかもしれない。求められているものがオリジナリティなのだとすれば、ガラパゴスは、大きな力を秘めている。それが本書で言う、ガラパゴス力である。

ガラパゴスの強みとは何だろうか。

ガラパゴスでは、独自の進化が進む。大陸の進化と大きくずれた独自の進化はガラパゴスの弱点である。そして、オリジナリティあふれた独自の進化はガラパゴスの強みでもある。

もし現在が、力で勝負する時代ではなく、オリジナリティで勝負する時代なのだとすれば、独自の進化にこそ勝機がある。

大陸の生物は、力と力がぶつかり合う厳しい生存競争を勝ち抜いた猛者ばかりである。それなのに、どうして大陸の生物の土俵で戦おうとしてしまうのだろう。どうして大陸の生物と力の勝負をしようとしてしまうのだろう。

ガラパゴスには弱みもあるが、強みもある。ガラパゴスの弱みを嘆くのもいいが、勝ち抜くためには、ガラパゴスの強みを活かすしか道はない。

島国の中だけで完結していた過去と違って、現代では、グローバルな環境を無視することはできない。しかし、だからと言って、大陸の土俵で大陸のルールで戦わなければいけないということはないはずだ。


それでは日本の企業にとって、ガラパゴスの強みとは何だろう。

ガラパゴスの強みは「独自の進化」に尽きる。

他にはないガラパゴスな環境の中では、ガラパゴスな発想ができる。ガラパゴスなアイデアを生み出す素地があるのだ。

それでは、武器となるコア・コンピタンスはどうだろう。

他にはないガラパゴスな環境の中では、ガラパゴスな技術や戦略が発達をする。こうしたガラパゴス発想とガラパゴス・コンピタンスが、世界が思いもつかないような新しい物を生み出すのではないか。これがガラパゴス・イノベーションである。

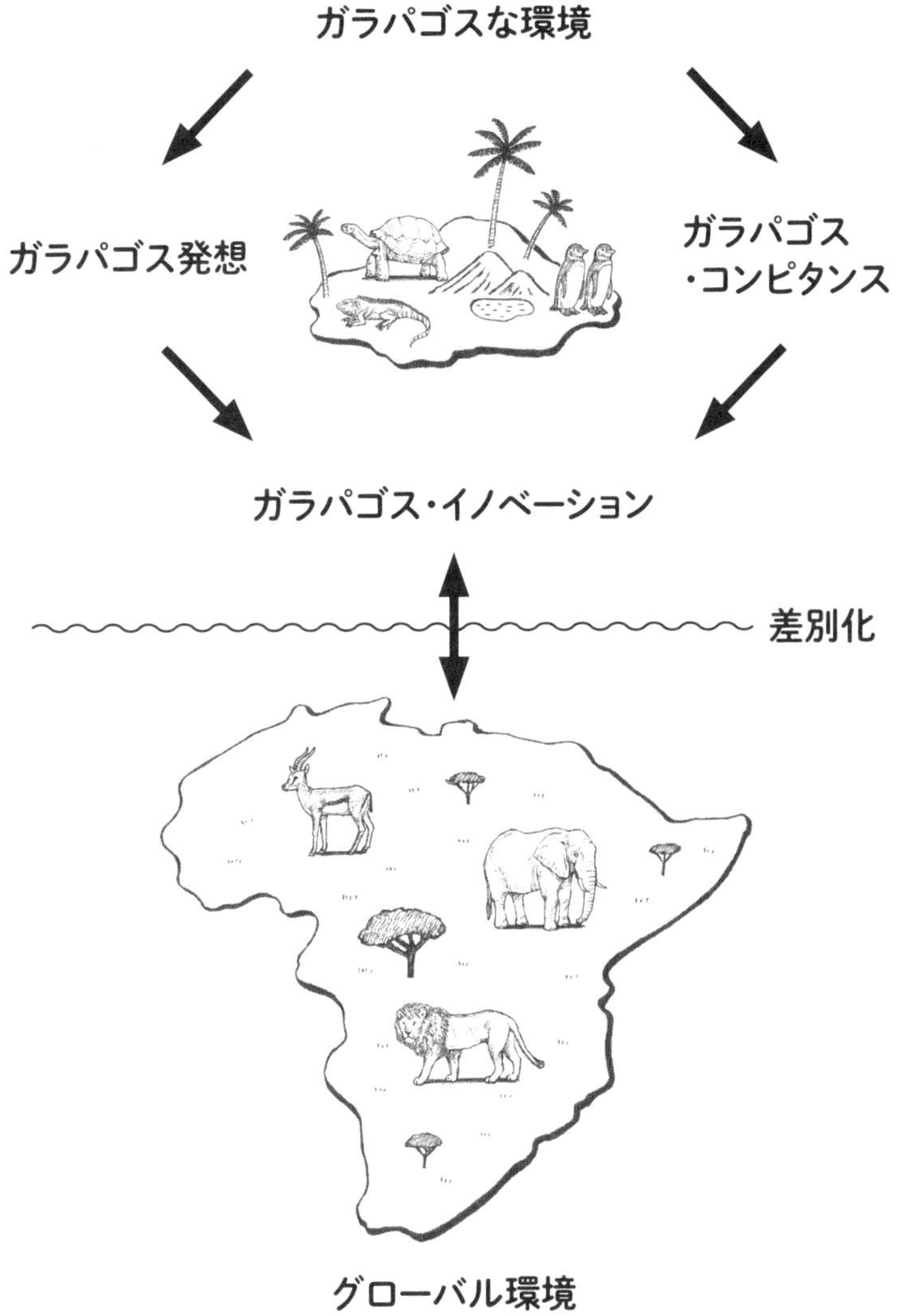
ガラパゴスな環境
ガラパゴス発想
ガラパゴス
・コンピタンス
ガラパゴス・イノベーション
差別化
グローバル環境

今こそ、ガラパゴス力を発揮するときだ

日本で独自の進化を遂げた「ガラパゴス力」には、どのようなものがあるだろうか。もちろん、さまざまな強みがあるはずである。それを発見し、それに目を向けていくことが、日本の強みを発揮していくことになるのだろう。

その中でも本書では、「アナログ力」「人と人のつながり」と「老舗力」「アレンジ力」を取り上げた。

大陸の競争は、規模の競争である。そして、大陸の競争力は、数字で表わされる。それは資本力であり、生産量であり、売り上げであり、事業規模である。数字は誰にとってもわかりやすい。優劣も明確だ。勝ち負けもはっきりとする。こうして数字をめぐって激しい競争が繰り広げられる。数字の競争である。数字が大きければ勝者となり、数字が劣れば敗者となる。数字が大きければ、有利になり、ますます大きくなる。とにかく数字だ、数字が大きい方が強いのだ。

これに対して、日本のガラパゴス力として本書で取り上げた「アナログ力」「人と人のつながり」「老舗力」「アレンジ力」は、数字では表せない。

しかし、三十八億年という途方もなく長い時間をかけて生物の進化が導き出した結果は何であろう。生物たちが作り上げた生態系は、ナンバー１のオンリー１で埋め尽くされた世界である。すべての生物がナンバー１になれるオンリー１に場所を求めている。求められているのは、オンリー１なのである。

本当は数字の戦いでも、規模の戦いでもないのだ。

もし、生物の進化の末にある人間たちの社会が、オンリー１を目指す戦いであるとすれば、ガラパゴスは大いなる力を発揮するのではないか。

かつて日本は「ジャパン　アズ　ナンバーワン」と言われてきた。しかし、ナンバーワンと言われた日本は、ナンバーワンを謳歌することができただろうか。ナンバーワンと言われたことで不安にはならなかっただろうか。そしてもしかすると、それが衰退の始まりではなかっただろうか。

優れた島国が目指すべきは、「ジャパン　アズ　オンリーワン」である。

そうであるとすれば、私たちの強みは「ジャパン　アズ　ガラパゴス」にあるのではないだろうか。

さあ、ガラパゴスの進化を楽しもう。この島には、まだまだたくさんのガラパゴス力が秘められているはずなのである。

章扉の正解 その動物が、すばしこい昆虫をつかまえるために身につけた能力は何でしょう？

正解は

どの生き物よりもゆっくり動く

東シナ海の島にすむスローロリスは、行動がゆっくりである。あまりにゆっくりなので、昆虫はその動きに気がつくことができず、捕らえられてしまう。すばしこい昆虫を捕らえるためにスピードで勝負することはない。「のろさ」でナンバー1であれば、すばやい生き物に、勝つことができるのだ。

スローロリス

第6章
ガラパゴスの成功者たち

島の環境で独自の進化を遂げたもの

事例1 ガラパゴスゾウガメ

ガラパゴス諸島にすむガラパゴスゾウガメは、陸上にすむリクガメの中では、地球でもっとも大きいカメである。

ゾウガメの祖先が、どのようにして大陸から遠く離れたガラパゴス諸島にやってきたのかはわからない。しかし、流木などに乗って遠く海を越えて島にやってきた小さなカメが、ガラパゴスゾウガメの祖先になったと考えられている。

島にやってきた小さなカメにとって、ガラパゴス諸島は外敵もライバルもいないブルー・オーシャンだった。そして空白のニッチを埋めるように大型の草食動物へと進化を遂げたのである。

ゾウガメは寿命が長い。

平均でもおよそ一五〇年。驚くことにチャールズ・ダーウィンが持ち帰った「ハリエット」という名のカメは、推定で一七五歳まで生きたことが記録されている。おそらくは長いものでは二〇〇年以上を生きることだろう。チャールズ・ダーウィンがガラパゴス諸島を訪れたのは一八三五年のことだから、もしかするとその当時のカメが

ガラパゴスゾウガメ

まだ生きているのかもしれない。

寿命は脈拍の数と反比例の関係にあると言われている。

ネズミの脈拍は一分間に六〇〇回である。寿命は二～三年である。人間は、脈拍数は一分間に七〇回ほどである。ゾウガメの脈拍は一分回にわずか二六回である。さらには、一日の大半は眠っている。

競争社会は、スピードが求められる。速く成長することが求められ、ライバルよりも先んずることが求められる。しかし、一生のうちに打つ脈拍の数は決まっているのだ。スピードを求めることは、生き急ぐことである。ゆっくり育つ生き方もある。ゆっくりと大きくなる生き方もある。そして、ゆっくりと生きる生き方もある。

「ガラパゴス」の由来となったゾウガメは、まったく別の成功があることを現代人に教えてくれているのかもしれない。

事例2 ダーウィンフィンチ

太平洋上に浮かぶガラパゴス諸島は、小さな島々が集まって構成されている。

ダーウィンに進化論のアイデアをもたらしたものは、島々にすむフィンチと呼ばれるスズメ目ホオジロ科の小さな鳥であった。

ガラパゴス諸島の島々を巡るうちに、ダーウィンは島によってフィンチの性質が違うことに気がつく。

たとえば、地上でサボテンの実や草木の種子をエサにしているフィンチ類は、実や種子を砕くための太くてがっしりとしたくちばしを持っている。これに対して、木の上で昆虫をエサにしているフィンチ類は、昆虫を捕らえやすいように細いくちばしを持っている。あるいは、サボテンの花の蜜を吸うフィンチ類もいる。フィンチの仲間でも環境によって、さまざまなバリエーションがいるのである。

ガラパゴス諸島の生物たちは、何らかの方法で海を越えて渡ってきた生物の子孫だ

ダーウィンフィンチ

ろうとダーウィンは考えていた。それなのに、島によって生物は少しずつ性質が異なるのだ。

この観察から、ダーウィンは、生物は神が作り出した不変のものではなく、環境にふさわしい姿に変化するという進化論にたどりつくのである。

そのフィンチの中には、サボテンのトゲなどを道具にして木の皮の下の虫を捕らえるキツツキフィンチという種類もいるという。かつて道具を使う動物は人間だけだという言われ方もしたが、島という環境では鳥までもが道具を使うように進化を遂げるのである。

このようなさまざまなフィンチは、まったく別の種類なのだろうか。それとも、同じ種類なのだろうか。

ダーウィンは、「もともと区別のないものを区別しようとするからダメなのだ」と言っている。自然界には何の区別もない。何の固定観念もない。しかし、人間の脳がそれでは理解できないから整理をして区別をしているのだ。自然界には「こうあるべき」という「あるべき姿」はない。環境に適応して、自在に変化することができるのである。

事例3 タカサゴユリ

タカサゴユリは台湾島本島原産の雑草のユリである。

タカサゴユリは、テッポウユリから進化をしたとされている。テッポウユリは園芸用の花として知られているが、もともとは、海岸に自生するユリである。

ところが、台湾本島に渡ったタカサゴユリの祖先は、島で雑草として進化を遂げるのである。タカサゴユリは台湾では、海岸に限らず、道ばたなどあちらこちらに生えており、海から遠く離れた高い山でも分布している。

雑草というと、どこにでも生えるイメージがあるが、そうではない。雑草が生える場所は道ばたや畑など、人間が創り出したかなり特殊な環境である。この特殊な環境に生えるためには、特殊な進化をしなければならない。じつは「雑草」と呼ばれる植物は、特殊な環境に適応して、特殊な進化をした特殊な植物なのである。

そのため、タカサゴユリは、テッポウユリにはない特殊な能力をいくつも持っている。

まずは、種子から花を咲かせるまでの期間が短い。テッポウユリは種子が芽を出してから花を咲かせるまでに三年間程度を必要とするが、タカサゴユリは芽を出せば、わずか数ヵ月で花を咲かせるのである。また、テッポウユリは初夏に花を咲かせるが、タカサゴユリは条件さえ良ければ一年中、花を咲かせることができる。環境に応じて変化する力も大きく、一メートルくらいの草丈がもっとも一般的だが、数メートルの高さまで茎を伸ばすこともあるし、わずか十数センチの草丈で花を咲かせていることもある。

しかも、自殖性があるので、他に仲間がいなくても、花粉を運ぶ昆虫がいなくても、自分の花粉を自分のめしべにつけて種子をつけてしまう。

雑草のように小さな種子をつけるのも特徴だ。テッポウユリは、一つの花が一〇〇個程度の種子をつけるが、タカサゴユリは一つの花で千個以上の種子をつける。

まさに雑草としての進化を遂げているのである。

このタカサゴユリは、現在では日本にも帰化していて、あちらこちらで雑草化している。

どうして、こんな奇妙な雑草のユリが誕生したのだろうか。

その理由こそが島にある。島という環境では、生育に適した環境は限られる。花粉を運んでくれる昆虫もいない。決して恵まれた環境ではない。しかし、そんな逆境こそが、可憐なユリをたくましく生きる雑草のユリへと変えていったのである。

事例4 米

日本は米の国である。米こそが、日本の文化の礎である。

本当だろうか。

イネはもともと熱帯原産の作物である。日本文化とはほど遠い存在なのだ。しかし、長い日本の歴史の中で、日本人は米を作り続け、米を愛してきた。

大陸から日本にイネが伝えられたのは、縄文時代の終わり頃であるとされている。

じつは熱帯原産の作物であるイネにとって、日本はもっとも北に位置する栽培の北限である。その北限の地で、米は独特の進化を遂げた。

何と言っても、日本人ほど米を特別視する国は珍しい。また、日本人はよく米を食べる。

日本の伝統的な食生活を見ると、大盛りのご飯さえあれば、後は汁物と漬け物くらいということも珍しくない。白米さえあれば何もいらないという人もいれば、米をおかずに米を食うという米好きもいるくらいだ。そこまでひどくなくても、海外旅行から帰ってくると、日本の米のおにぎりが愛おしいという人は多いだろう。

日本人にとって、米は大切な食べ物なのである。

しかし、同じ米を生産するアジアの国々を見ると、米の生産地である中国南部やインド、タイなどでも「米」は主食というよりも、数ある料理の中の一つに米を使った料理があるに過ぎない。食べ物の豊富な熱帯地域では米以外にも食べるものがたくさんあるのだ。

それでは、同じ北限地域に近い中国北部や韓国はどうだろう。寒い地域ではイネの栽培が難しくなる。だから、中国や韓国の寒い地域ではイネを重要視しない。これは、中国や韓国はイネを作らずに畑作を基本とする北方の地域が国を支配する時期があったからでもあるだろう。現在でも中国料理や韓国料理は、米はたくさんある食材の一つであり、日本のようにご飯を主役にして、副食を合わせるということは少ない。

米を食べる国でも、米は食卓の脇役であり、日本のように米を主役にして、ご飯のおかずを添えていくという食事は珍しい。

ご飯を主役にする日本人は、米の味にこだわる。こうしたこだわりの中で日本で育成されたのが、「コシヒカリ」である。

日本は稲作の北限となる島である。その日本生まれのコシヒカリは、今では日本だけでなく、世界中で栽培されているブランド米である。

事例5 茶

茶は中国南部に起源を持つ作物である。

日本では、鎌倉時代に中国に学びに行っていた留学僧たちが、茶の種子と抹茶の技術を日本に持ち帰った。

こうして日本の寺院でも中国にならって抹茶が行われるようになったのである。

この時代、中国は宋の時代であった。時代が明になると、明の皇帝は、貴族の飲み物であったお茶を庶民に広めるために、抹茶を禁止する。そして、乾燥させただけの安価な茶葉にお湯を注いで、簡単に茶を飲むことが推奨され、抹茶は廃れてしまったのである。そして、ついに中国では「抹茶」が絶滅してしまったのだ。

しかし、小さな島国で、抹茶は生き長らえた。それどころか、「茶道」という独自の進化を遂げる。「一杯のお茶を飲む」というたったこれだけの行為が、文化や芸術の域にまで昇華されてしまったのだ。まさにガラパゴスな進化を遂げたと言えるだろう。

さらに、戦国時代になると、日本の茶道は、戦国武将の間で流行し、武士のたしなみとなっていく。この独自の進化が、じつは地球の反対側の西洋の島国にも影響を与えていくのだ。

ヨーロッパで最初に茶を飲んだのは中国を訪れたオランダ人であったとされている。そして、日本とも交流のあったオランダの商人や宣教師たちは、日本の茶の文化も、ヨーロッパへと伝えていくのである。それによれば、「茶は身分の高い人たちが格式高い儀式の中で飲むものだ」という。これは、戦国武将たちの間でたしなまれていた茶道のことだったただろう。

東洋の島国で進化したこの文化は、西洋の島国である英国で、「ティーパーティ」として、進化をする。

英国の貴族は、多くのことを召使にさせる。しかし、茶だけは違う。

客人をもてなすために、高貴な貴族が自ら淹れる。これが、ティーパーティという儀式である。まさに茶道そのものなのだ。

驚くことに、貴婦人たちの間では、紅茶は音を立てて飲むのがマナーだったという。今では考えられないが、最後の一口をきれいにする抹茶の飲み方が伝えられたのだろう。

当時の英国では、男性たちはコーヒーハウスと呼ばれる場所を社交の場とし、アラビア半島からもたらされたコーヒーを飲んでいた。そして、コーヒーハウスに行けなかった女性の間でティーパーティが流行するのである。

やがて、コーヒーハウスの代わりに、女性たちのためのティーガーデンが作られていく。すると、男女の出会いを求めて男性たちもティーガーデンに行くようになり、コーヒーハウスは次第に廃れていってしまったのだ。そして、英国は「茶」を愛する国になっていくのである。

英国は中国から茶を輸入し、やがて植民地であったインドやスリランカで紅茶の生産を行うようになる。日本の茶が英国の市場を席巻したわけではないが、日本で独自に進化をした「茶の文化」が、強力な商品であるコーヒーとポジションをすみ分ける形で「女性」という新たなマーケットを生み出した。そして、女性というコアな市場を拡大することによって、当時、英国という巨大なマーケットを支配し、今ではコーヒーと並ぶ巨大な市場を世界に創り上げたのである。

まさに日本と英国という島国のガラパゴスが生み出した市場なのだ。

ただ、「茶」にはその後の歴史がある。

英国で人気を博した「紅茶」は、当時、英国の植民地であったアメリカへ伝えられる。アメリカは地理的には大陸ではあるが、ヨーロッパを中心とした当時は、アメリカは移民たちが移り住んだだけの未開の地であった。ヨーロッパ文化から見れば、海の向こうの島だったのである。

独立戦争後、英国の貴族社会を嫌ったアメリカで紅茶は独自の進化を遂げる。

レモンティーはアメリカ生まれの飲み物である。英国では、紅茶にはミルクを入れるのが正しい飲み方だった。レモンを入れるなど、邪道だったのである。アイスティーもそうだ。英国の紅茶文化では、紅茶に氷を入れるなど考えられない。しかし、アメリカ人は暑いときには氷を入れるという自由な発想で、紅茶を飲んだのである。そして、ティーバッグもアメリカの発明だ。英国では、紅茶は貴族が客人をもてなすために用意し、ティーパーティを楽しむものである。ティーポットで淹れることに意味があるのだ。しかし、気軽に紅茶を楽しむのであればティーバッグの方が便利に決まっている。アメリカにおける紅茶の発達もまた、島の進化であった。

「貴族のしきたり」から自由になったことで、紅茶もまたさまざまな進化を遂げたのだ。日本から英国へ、そして英国からアメリカへ。お茶もまた島を渡りながら進化を遂げたのだ。

事例6 村上水軍

群雄割拠の戦国の時代。異才の存在感を示す一軍がいた。

それが、瀬戸内海の島々を拠点としていた村上水軍である。村上水軍は、分家した能島村上家、因島村上家、来島村上家で構成される。瀬戸内の海賊のイメージで語られることも多いが、城を持ち、数々の戦いにも参戦した「海の武将」である。

天文二四年（一五五五年）に毛利元就が中国地方の覇者となる重要な戦いが、厳島の戦いである。毛利元就軍は約四千人に対して、陶晴賢《すえはるかた》軍は約二万人。毛利元就にとっては、圧倒的に不利な状況であった。

その毛利元就を勝利に導いたのが、村上水軍である。村上水軍は、陶晴賢からも援軍の要請を受けていた。もし、村上水軍が、陶晴賢に味方をしていたとしたら、歴史は違ったものになっていただろう。

天正四年（一五七六年）の石山本願寺の戦いでは、かの織田信長の水軍に勝利した。当時の戦いは、安宅船という重厚な武装をした軍船が主に用いられていたが、村上水軍は、スピードが速く機動力に優れた小早船という小さな船を主力にして戦った。そして、小回りをきかせながら、敵船に焙烙玉《ほうろくだま》という手榴弾のようなものを投げ込んで、相手を圧倒したのである。

陸では、戦国武将たちが領地をめぐって激しい争いを繰り広げている。しかし、島々を支配し、海を我が物にする村上水軍は、そんな戦いとはまったく別の次元の存在である。まさに、どんな武将も真似をすることのできないオンリー１の存在だ。誰も、村上水軍を攻めることはできない。ただ、できることは村上水軍を味方に引き入れることだけなのだ。

島には広大な領地もない、石高もない。それでも、島には島の利点があり、島の戦い方がある。島の強みとは、まさに、そういうことなのだ。彼らこそが、ガラパゴスの成功者と言えるのではないだろうか。その後、村上水軍は天下統一を果たした豊臣秀吉によって領地を与えられ、来島村上家は大名家となる。しかし、海を奪われた村上水軍は、陸上では打ち上げられた魚のごとく、力を失っていったのである。

事例7 日本車

第二次世界大戦によって、日本の自動車産業は壊滅的な打撃を受けた。しかも、戦後まもなくはGHQによって自動車生産を禁止されてしまったのである。

思い出してほしい、日本の自動車産業は、ゼロからのスタートどころか、マイナスからの再出発であった。

手足をもがれた日本の自動車産業に比べて、戦勝国である欧米は技術力に優れ、とても日本の自動車産業が追いつくことはできないと言われていた。ましてや輸出するなど夢のまた夢だったのである。

しかし、どうだろう。

日本の自動車産業は、その後発展を遂げ、日本車は世界中で愛されるブランドとなっていくのだ。

その主役であったのは、日本の道路事情の中で進化を遂げてきた軽自動車や小型車であった。でかくてカッコいいアメリカ車や高速での長距離走行に適したヨーロッパ車と、まともな勝負をしていたら、現在の日本車の地位はなかっただろう。

「狭い日本、そんなに急いでどこへ行く」という交通標語が作られたくらい、日本の国土は狭く、そして道路も狭かった。そんな中で独自な進化を遂げたのが、日本の軽自動車や小型車である。さらに、石油燃料を輸入に頼る日本では燃費の良さが求められた。そして、日本の車は、さらにコンパクト化、軽量化が進められていったのである。

まさに、小さな島国ならではの進化だ。

こうして、ガラパゴス化した小型車が、オイルショックによってガソリン価格が高騰をすると、燃費の良さやメンテナンス費用が安いという品質の良さで、一気に存在感を増した。そして世界中で、小型車という新たなニッチを欲しいままにしたのである。

大排気量エンジンのきらびやかな車が競い合うアメリカの自動車メーカーは、この小型車の進出になすすべもなかったのだ。

そして、ニッチを獲得した日本車は、高級車やスポーツカーへと変身を遂げていく。

日本を代表する国民的な大衆車といえば、カローラである。

カローラが発売されたのは一九六六年。もう半世紀以上も昔のことだ。

しかし、驚くことにカローラは、現在でも年間世界販売台数一位を記録し続ける、世界中で愛されている車である。

このカローラの基本コンセプトは「八十点＋アルファ」。

八十点を基本としながら＋アルファの部分を変化させて、スポーツタイプにしたり、ステーションワゴンにしたり、若者向きにしたり、ファミリー向きにしたりと自由自在に変化させる。そして、北米仕様や、欧州仕様というように、その国に合わせてアレンジしているのである。ダーウィンがガラパゴス諸島で観察したダーウィンフィンチが、島の環境によってくちばしの形を変化させていたように、その国に合わせて巧みに変化させて成功しているのだ。

現在、世界でもっとも種類が多いのはネズミの仲間である。およそ四二〇〇種類いるとされる哺乳類の中で、齧歯目と呼ばれるネズミの仲間は千八〇〇種に及ぶ。世界の動物の四割以上がネズミなのだ。そして、ネズミの仲間は世界のあらゆる環境に適応し、世界各地に分布している。

「八十点＋アルファ」

基本形をシンプルにすることで、多様な変化をしているカローラは、まさに小さな生き物の戦略なのである。

事例8 ウォークマン

かつて日本の製品は、「安かろう悪かろう」であった。

ソニーがアメリカに進出したとき、日本の安かろう悪かろうイメージを払拭するという思いがあったという。そして、ソニーが強みとした技術は「小型化」であった。この「想い」と「技術力」が、世界のソニーを生み出したのである。

そのソニーが生み出したガラパゴス商品がウォークマンだろう。

進化とは機能を複雑化させていくだけではない。あろうことか、カセットレコーダーから録音機能をそぎ落としたのがウォークマンである。必要ないものを取り除くことも進化なのである。

カセットレコーダーはこうあるべき、という「べき」こそが取り除くべきものなのかもしれない。

島の進化は、必要ないものは、取り除く。

「鳥は飛ぶべきである」

そんな子どもでも知っている常識でさえ、島では通用しない。

鳥は飛ぶのが強みである。しかし、飛ぶことはエネルギーを必要とする行動である。飛ばずにすむのであれば、翼は使いたくないのだ。

その証拠に、外敵のいない島では、鳥たちは簡単に飛べない鳥になる。いや、飛べないのではない。飛ばなくなるのだ。

思えば、日本は「ひき算」を得意とする島国であった。

日本文化は余分なものは、そぎ落とし、洗練していく。

和食は味を足していくのではなく、余分なものを引き算していく。そして、素材の味を引き出すのである。

禅や茶道の世界では、余計な装飾を取り除き、わびさびの世界を作り出していく。

俳句は、最少の言葉で紡ぎ出す世界で最短の詩である。俳句を作る作業では、言葉を足していくのではなく、言葉をそぎ落としていくのである。

資源の豊富な大陸では、足し算が進化なのかもしれない。しかし、資源の限られた小さな島国では、「引き算」こそが進化だったのである。

事例9 大相撲

相撲は英語で「Sumo」である。力士は「スモウレスラー」と呼ばれる。

相撲のような競技は世界中にある。たとえば、モンゴル相撲は有名だろう。日本の大相撲でも、モンゴル出身の力士が大活躍を見せている。中国や韓国をはじめ東南アジア諸国でも相撲によく似た競技はある。ヨーロッパやアフリカにも相撲のような競技がある。

古代から行われている日本の相撲ではあるが、そのルーツはどこか外国から伝えられたのかもしれない。

しかし、日本の相撲は独特の輝きを放ち、世界の中での地位を確立している。

何しろ、世界の人たちはスモウレスラーを見れば日本を連想するし、日本といえば、スモウレスラーを思い浮かべる。海外から日本を訪れる外国人観光客は、国技館を訪れて、日本の相撲を楽しむ。相撲は、日本という国を代表するアイコンに育っているのである。

相撲は競技ではあるが、スポーツではない。相撲は神事であり、日本の文化である。

その日本文化としての相撲が、世界の人たちを魅了しているのである。

一方、柔道は英語で「Ｊｕｄｏ」である。

相撲が日本の中だけの限られた競技であるのに対して、柔道は国際化を果たした。今では世界中の人々が柔道を楽しみ、オリンピック種目となった「Ｊｕｄｏ」には、さまざまな国の代表が参加してメダルを競い合う。

柔道は「世界のＪｕｄｏ」として成功しているのである。

しかし、どうだろう。柔道はもはや日本のものではない。大相撲では小兵力士が巨漢の力士を倒す「小よく大を制す」が魅力の一つだ。柔道ももともとは「小よく大を制す」が魅力だが、今やレスリングやボクシングと同じように体重別が取り入れられ、体の大きさの違う選手が組み合うことはない。さらにはレスリングのように柔道着も白色と青色の異なる色で戦うようになった。そして、一本勝ちではなく、細かなポイントを稼ぐ競技となり、審判は「待て」を連発して試合を止めて、「指導」をしてさらにポイントを争わせている。

それだけではない。柔道はもともと「道」であった。しかし最近では、礼に始まり礼に終わるという柔道の精神は次第に忘れられつつある。

国際化の中でお家芸と言われた日本の選手も苦戦しつつあるようだ。

しかし、失ったものもある代わりに、柔道は国際化を果たしたのである。相撲も外国人力士が多くなっているが、「国際化」とは違う。相撲は、やはり日本文化の象徴であり、日本のアイコンである。

グローバルなＪｕｄｏが良いのか、オンリー１のＳｕｍｏが良いのかは、意見が分かれるだろう。ただ間違いないのは、対照的な二つの戦略があるということである。そして、柔道と相撲とはまったく異なる戦略で、それぞれ発展してきたということなのだ。

事例10 新幹線

新橋から品川間で日本最初の鉄道が開業したのは、明治五年（一八七二年）のことである。このとき走った機関車は英国製であった。その後、英国やドイツ、アメリカからさまざまな技術が日本に伝えられる。そして、各国の技術は、日本で高みへと熟成されていった。

そのわずか十七年後の一八八九年には、東西を結ぶ新橋から神戸間の路線を日本人の技術によって実現した。今や、日本の鉄道技術は世界一を誇り、主要な輸出産業にもなっている。

中でも昭和三十九年（一九六四年）に開業した新幹線は、日本の鉄道の象徴である。日本が誇る新幹線は、「技術の高さ」に目を奪われがちだが、それを実現したのは、ガラパゴス的で独創的なアイデアであった。

すべての車両にモーターなどがついている「動力分散方式」は、海外では、都市近郊など短い距離を走る列車には用いられていたが、長距離の列車は駆動力のある先頭車両が他の車両を引いていく「動力集中方式」であった。

車両が動力を持つと、その車両の重量が重くなり、それだけ人や荷物を乗せられなくなってしまう。また、動力を持つ車両は、騒音や振動が激しく、乗り心地が悪くなってしまうのだ。さらに、長距離輸送の場合は、たくさんの車両を連結するが、すべての車両が動力を持っていると点検やメンテナンスが大変になってしまう。そのため、長距離輸送の場合は、先頭車両のみが駆動力を持ち、客車や貨車を引っ張る動力集中方式を選択するのが、世界の常識だったのである。

しかし、そんな世界の常識を知ってか知らずか、日本はあらゆる列車に常識破りの動力分散方式を採用していく。

日本の土地は起伏に富んでいて、坂道やカーブが多い。先頭車両だけが他の車両を引っ張る方法は、列車やレールに与える負担が大きいのだ。一方、日本は駅と駅との間が短く、駅も小さいため、列車を長くつなぐ必要もない。そのため、各車両が駆動力を持ち、コンパクトな列車にメリットがあったのである。

そして、日本の大動脈となる新幹線も、すべての車両がモーターを持つ動力分散方式が採用された。これは世界の長距離鉄道から考えれば、あまりに非常識なアイデアだったのである。

もちろん、新幹線のような長距離を移動する高速鉄道を、動力分散方式にするためには、技術的な困難がつきまとう。しかし、日本の高い技術力と、日本人のたゆまぬ努力が、すべての車両が高速で走る新幹線を可能にしたのである。

生物にとって島という環境は、競争が少ない。その代わり、環境と戦い、環境に適応した正しい進化をすることができる。

新幹線もまた、島国という特異的な地形と、世界の常識にとらわれない島国の発想が生み出したものだったのだ。

事例11 ビールとパン

ビールやパンは麦から作られる。

麦というと、西洋のイメージがあるが、日本でも古い時代から栽培されてきた。ビールの原料となる大麦は麦ご飯にしたり、醤油や味噌づくりに用いられてきた。また、パンの原料となる小麦は、うどんやすいとんなどとして、食べられてきた。日本には日本の麦の文化があったのである。

そして、近世以降、ビールやパンという西洋の麦文化が伝えられると、日本で独自の発展を遂げる。

世界には、さまざまな種類のビールがあるが、日本では「ラガービール」と呼ばれるライトな感覚のビールが主流である。そして、コクや芳醇な香りが求められるビールの世界で、日本では「爽やかなのどごしやほろ苦さ」が求められる。さらには、米などを原料に使って、日本人好みの味に仕立てられていった。

そして、「のどごしの良いライトなビール」は、「とりあえずビール」と最初の一杯はビールで乾杯したり、ビールだけでなくグラスまでキンキンに冷やすという独特の文化を創り上げていったのである。

また、世界では、M&Aにより巨大なビール会社が生まれている。日本のビール生産量は世界七位。しかし、アサヒ、キリン、サッポロ、サントリーなどの複数のメーカーがしのぎを削り、限られた市場でシェアを争っている。

かつてシェア争いで苦しんでいたアサヒビールは、新しい概念の新商品を送り出す。それが「辛口」や「ドライ」など、それまでのビールにはなかった言葉で形容される「スーパードライ」である。

さらには、日本の特殊な酒税により、税率を低くするために、麦芽使用量を二五パーセントに抑えた発泡酒というビール風味の「発泡アルコール飲料」や、麦芽を用いない「第三のビール」という新ジャンルを次々に生み出した。

世界の他の場所では飲むことのできない日本のビールは、今や日本を訪れる外国人観光客に人気で、海外市場への輸出も増えつつある。まさにガラパゴスが生んだ味なのである。

パンはどうだろう。

パンは世界各国で重要な食べ物であるが、保存食としての役割もあることから、ヨーロッパのパンは硬い。しかし、日本ではふんわりとした食感のやわらかいパンが作られ、独自の進化を遂げていった。

横浜開港以降、外国人向けに作られはじめたパン。日本では、イギリスやフランス、ドイツなどさまざまな国のパンが伝えられた。そして、「パンはこうあるべき」という固定観念のない日本では、さまざまな国のさまざまなパンの種類が混沌とする中で、自由な発想で新たなパンが次々に生み出されていくのである。

あんパンやジャムパン、クリームパンなど菓子パンは、日本でパンが普及しはじめた明治時代に開発されたものである。饅頭に用いられるあんこをパンの中に入れるというのは、よくよく考えれば斬新なアイデアである。ジャムパンやクリームパンもすごい。西洋人はパンにジャムをつけて食べる。しかし、パンの中にジャムを入れるという発想に思い至らなかった。クリームパンもそうだ。クリームもパンも西洋のものなのに、これを組み合わせることを思いつかなかったのである。

また、カレーパン、メロンパンなども、日本で作られたパンである。それどころか、チョココロネやピザトーストなど、いかにも外国生まれですという顔をしたパンも、日本が発祥である。

日本では一般的な食パンも、世界では珍しい。そもそも、「食パン」という言葉は日本で作られた造語である。食パンは、イギリスのイギリスパンという白パンがモデルになっているが、今やまったく別物に進化をしている。何しろ、日本の食パンはやわらかく、ふんわりとした食感が特徴的である。しかも風味づけられていて、パンだけで食べてもおいしい。

さらに、焼きそばパンやコロッケパンなどの惣菜パンは、日本で独自に発達したジャンルである。サンドイッチも独自の進化を遂げ、カツサンドやフルーツサンドも日本生まれの食べ物だ。

日本のパンの歴史は浅い。古くからパンを食べてきたという食文化もない。しかし、そんな島国で独自の進化を遂げた日本のパンは、パンを食べ続けてきたはずの外国人たちを魅了しているのである。

事例12 ウォシュレット

今や、ウォシュレットは日本を代表するものだろう。

海外から日本を訪れる観光客は、トイレに入ることを楽しみにしているし、海外のセレブたちは自宅にウォシュレットをつけることをステイタスにしている。映画でも、日本らしい場面としてウォシュレットが描かれることがある。

ただし、ウォシュレットは日本で発明されたものではなく、もともとはアメリカで医療用に開発されていたものである。しかし、日本の伊奈製陶（ＩＮＡＸ）や東洋陶器（ＴＯＴＯ）が改良を重ね、日本で独自の進化を遂げたのである。

日本でウォシュレットが進化を遂げたのには、日本という特殊な環境が関係している。

何より、日本人は清潔好きである。トイレにはトイレの神様がいて、トイレ掃除をすると金運があがり、美人になると言われるほど、トイレを美しくすることに対して関心が高い。

しかも水資源が豊富で、お尻を洗うことだけに水を使うこともできるし、さらにはその水も水質が良くきれいである。水道の水質が良くないところでは、心地よくお尻を洗ってもらうことはできないだろう。

それだけではない。

欧米が石造りの家に長く住むのに対して、日本の木造家屋は改築のサイクルが早い。そのため、新築や改築でトイレを新しくする機会が多いのだ。しかも、トイレと風呂が別々なので、住宅をリフォームする場合も、新しいトイレを導入しやすい。

こうして日本では、ウォシュレットが普及をしていったのだ。

ウォシュレットの進化は止まらない。暖房機能や、乾燥機能、脱臭機能、自動洗浄。

さらには擬音や音楽など、もはやロボットか宇宙船かと思わせるほど、未来の機械として今も進化を遂げている。

残念ながら、水質の問題等で海外での普及はこれからだが、ウォシュレットは世界の人々を魅了し、普及率拡大の様相を見せている。

まさに島で進化をしたトイレの革命なのである。

事例13 アニメ

日本のアニメは、クールジャパンの代表格である。

日本のアニメは世界中で放映されていて、世界の多くの子どもたちが日本のアニメを見て育つ。日本のアニメの影響で日本を知り、日本に興味を持つ海外の人たちも少なくない。

日本のアニメが、世界での日本の存在感に及ぼす影響は大きい。アニメのおかげで日本を好きになってくれた人たちが、世界にはいったいどれくらいいることだろう。

しかし、もともとアニメは海外からもたらされたものであった。

戦後にディズニー映画を見た手塚治虫は、戦中の日本が映画どころではなかったのに対して、アメリカでは戦中に美しいカラー映画を作っていたことに驚愕したと言われている。

しかし戦後、日本のアニメは独特の進化を遂げる。

海外では、アニメは子どもだけのものである。しかし、日本のアニメは子どもだけでなく、大人も楽しむものである。そのため、子供だましではない、しっかりとしたストーリー性や深いテーマが求められる。また、スタジオジブリに代表されるように、細かな描写も日本のアニメの特徴の一つである。

子ども向けどころか、日本では大人向けの作品も重要な地位を占めている。

手塚治虫が嘆いたように、日本のアニメはまったくの未開拓であった。しかしその後、日本はベビーブームとなり、町は子どもたちであふれた。そして、お茶の間には子どもを中心とした家族団らんがあり、そこに置かれたテレビで日本のアニメ番組はしのぎを削り、進化を遂げていくのである。

最近では、アニメはCGが主流になりつつある。しかし、日本ではCG技術を取り入れながらも、日本らしい「セル画アニメ」の雰囲気を残したアニメが進化を遂げている。

日本のアニメは、まさにガラパゴスの独自の輝きを放っているのである。

おわりに　失われゆくもの

江戸時代末期から明治時代にかけて、大航海の末に東アジアにたどりついたヨーロッパの人々は、この小さな島国を見て、驚きの声を上げる。

その小さな島国は、世界中をめぐってきた彼らでさえ、初めて見るような特別なものであふれていたのだ。

一八五六年初代アメリカ総領事官として来日したタウゼント・ハリスは、開港された下田近郊の小さな漁村でこんな感想を持つ。

「姉崎は小さくて貧寒な漁村であるが、住民の身なりはさっぱりしていて、態度は丁寧である。世界のあらゆる国で貧乏にいつも付き物になっている不潔さというものが少しも見られない。彼らの家屋は必要なだけの清潔さを保っている」。

また、初代イギリス公使を務めたオールコックは、こう記している。

「幸福よりも惨めさの源泉になり、しばしば破滅をもたらすような、自己顕示欲に基づく競争がこの国には存在しない」。

彼らは小さな島国に、モノの豊かさではない、心の豊かさを見た。

彼らが目にしたのは、日本で進化を遂げた「清貧」の姿だったのだ。

明治時代に東北地方や北海道を旅したイザベラ・バードは、「世界中で日本ほど婦人が危険にも無作法な目にもあわず、まったく安全に旅行できる国はないと信じている」と驚いた。そして、山形県を訪れた彼女は、そこを「エデンの園」と称し、東洋のアルカディア（楽園）と言ったのである。

当時の日本はけっして豊かな国ではなかった。金持ちの国でもなかった。しかし、日本人の姿は笑顔にあふれ、幸福に満ちていた。そして進んで助け合い、譲り合い、親切心に満ちていた。そのようすを見て外国から訪れた人々は、他にはない豊かな国であると称えたのである。

小さな島国は、まるでガラパゴスのように平和で幸福に満ちた場所だったのだ。

明治維新の前年に世界一周旅行の途中に日本にやってきたフランスの青年貴族L・ド・ボーヴォワールは、「平和で争いのない日本の人々は、礼譲と優雅に満ちた気品ある民であった。街ゆく人々はだれかれとなく互いに挨拶を交わし、深々と身をかがめながら口元に微笑を絶やさない」と記した。そして、こう結論するのである。「地球上最も礼儀正しい民族であることは確かだ」。

もちろん、短い期間日本を訪れた彼らが、日本のすべてを知り尽くしたわけではない。しかし、少なくとも見た目には、日本は、世界のどこにもない特別な国に思えたのである。

あまりの礼賛に、島国育ちの私などは、すぐに有頂天になってしまうが、ひいき目で見られていたかもしれないことは差し引いて、冷静に判断したとしても、高い評価を受けたことは日本人として誇るべき部分もあるのだろう。

土地も資源も限られた小さな島国で、人々は精神性を磨き、高めていった。そして、お金よりも道徳や品格を重んじ、お天道様に恥ずかしくない生き方を重んじていたのだ。

そして今……。

その島国はどうなっただろう。

日本には外国からさまざまなものがやってきた。グローバル化の波の中で、日本の環境は大きく変化をした。

まるでガラパゴスに、大陸からさまざまな生き物がやってきたように、そしてガラパゴスで進化を遂げた生き物たちが次々に絶滅していったように、この島国からもたくさんのものが失われてしまったような気がする。

島の生物には島の生物の強みがあり、島の生物には島の生物の戦い方がある。

どんなに戦いが激しく厳しくとも、私たちは大切なものを失ってはいけない。

それこそが、島で培われたガラパゴスの誇りなのだ。

最後に、本書の執筆にご尽力・ご協力いただいた野口英明さん、東京書籍株式会社の山本浩史さんに心より感謝します。

また本書は、V-COMON株式会社の皆さんや、V-COMONのセミナーを通じて企業の皆さんと議論した内容をまとめたものである。V-COMONの皆さんや、企業の皆さんからは、さまざまなビジネス戦略や企業の事例を教授いただいた。特に、何度も著者の住む静岡までお越しいただき、議論を深めていただいたV-COMONの嶋内敏博さん、田村義晴さん、佐相秀幸さん、また、議論に参加いただいた企業の皆さんにお礼申し上げます。

【参考文献】

『アップル、アマゾン、グーグルの競争戦略』雨宮寛二（NTT出版）

『ガラパゴス・クール』船橋洋一（東洋経済新報社）

『ガラパゴス化のススメ』櫻井孝昌（講談社）

『そもそも島に進化あり』川上和人（技術評論社）

『ガラパゴスのふしぎ』NPO法人日本ガラパゴスの会（SBクリエイティブ）

『外来生物の生態学――進化する脅威とその対策』種生物学会・編（文一総合出版）

『孤島の生物たち――ガラパゴスと小笠原』小野幹雄（岩波書店）

『勝つための経営――グローバル時代の日本企業生き残り戦略』畑村洋太郎・吉川良三（講談社）

『老舗企業の研究――一〇〇年企業に学ぶ革新と創造の連続』横澤利昌（生産性出版）

『京都 老舗経営に学ぶ企業継続の秘訣』塩見哲（清文社）

『謎の絶滅動物たち』北村雄一（大和書房）

『オールカラー完全復元 絶滅したふしぎな巨大生物』川崎悟司（PHP研究所）

『30ポイントで身につく！「戦略シナリオ」の技術』HRインスティテュート（PHP研究所）

『未来をつくる「自らイノベーション」フューチャーマネジメント』大岩和男・岩崎壽夫・原田敦（クロスメディア・パブリッシング）

佐相秀幸．二〇一一．生産性を向上させる新たな「ものづくりプロセス・技法」の実証的研究．東京工業大学博士論文

稲垣栄洋（いながき・ひでひろ）

1968年、静岡県生まれ。1993年、岡山大学大学院農学研究科（当時）修了。農学博士。専攻は雑草生態学。1993年農林水産省入省。1995年静岡県入庁、農林技術研究所などを経て、2013年より静岡大学大学院教授。研究分野は農業生態学、雑草科学。農業研究に携わるかたわら、雑草や昆虫など身近な生き物に関する著述や講演を行っている。著書に『弱者の戦略』（新潮社）、『身近な雑草の愉快な生きかた』（筑摩書房）、『面白くて眠れなくなる植物学』（PHP研究所）『雑草手帳』（東京書籍）など。

協力　V-COMON 株式会社

日本の上場企業と外資系企業の上級役員経験者を中心に約二〇〇名のビジネスエクゼクティブの人脈・経験・知識を総合力として顧客に提供している全く新しい形のビジネス支援企業。特に売上拡大支援サービスと費用削減支援サービスは、様々な分野の企業のビジネスを実践的に支援するサービスとして高く評価されている。

https://www.v-comon.co.jp/

編集　山本浩史（東京書籍）
編集協力　野口英明
本文・カバーイラスト　東海林巨樹
ブックデザイン　山田和寛（nipponia）

生物《せいぶつ》に学《まな》ぶ ガラパゴス・イノベーション

二〇二一年五月三一日　第一刷発行

著者　稲垣栄洋《いながきひでひろ》
発行者　千石雅仁
発行所　東京書籍株式会社
〒一一四-八五二四　東京都北区堀船二-一七-一
電話　〇三-五三九〇-七五三一（営業）
〇三-五三九〇-七五〇八（編集）
印刷・製本　株式会社リーブルテック

ISBN978-4-487-81495-4 C0095